张学良身影集

王忍之

All About Chang Hsueh-Liang

张友坤 著

当代中国出版社
Contemporary China Publishing House

图书在版编目(CIP)数据

张学良身影集/张友坤著. —北京：当代中国出版社，2014. 6

ISBN 978-7-5154-0366-3

Ⅰ. ①张… Ⅱ. ①张… Ⅲ. ①张学良(1901~2001)—生平事迹 Ⅳ. ①K827=7

中国版本图书馆 CIP 数据核字(2013)第 268853 号

出 版 人　周五一
策划编辑　任小平
责任编辑　任小平　李　森
封面题字　王忍之
责任校对　康　莹
封面设计　古涧文化
出版发行　当代中国出版社
地　　址　北京市地安门西大街旌勇里 8 号
网　　址　http://www.ddzg.net　邮箱：ddzgcbs@sina.com
邮政编码　100009
编 辑 部　(010)66572264　66572132　66572154　66572434
市 场 部　(010)66572281 或 66572155/56/57/58/59 转
印　　刷　北京盛源印刷有限公司
开　　本　720×1020 毫米　1/16
印　　张　22.25 印张　8 插页　插图 335 幅　294 千字
版　　次　2014 年 6 月第 1 版
印　　次　2014 年 6 月第 1 次印刷
定　　价　49.00 元

20世纪30年代穿便服的张学良

20世纪30年代的张学良，自言从小就是爱国狂。

生不同时死未同穴，学良凤至悲歌撼世人。图为20世纪30年代于凤至与女儿张闾瑛的合影。

仿佛在谛听树上的蝉鸣，大山之中张学良、赵一荻相依为伴，沉默无语……

老帅哥，酷煞人。公众鲜见少帅如此着装。殊不知，这是张学良最喜欢的一张照片。(上图)

九旬人生尽沧桑，往事依依皆淡然。1990年时的张学良，少帅风姿犹存。(下图)

身后纷繁，烟云过眼，“少帅”心宽神清，不为世尘困扰。1998年1月，夏威夷，本书作者镜头里的张学良。

张学良亲属在追思会会场。前排右起：张闾瑛（张学良女儿，于凤至生）、张闾琳（张学良爱子，赵一荻生）、吴克亮、张闾琳夫人陈素贞、张学良长孙张居信。

千古功臣长眠处，张赵同行笑九泉。此为坐落于美国夏威夷神殿谷陵园内的张学良、赵一荻墓地。

1991年6月，吕正操将军在美国纽约与张学良将军等人合影。左起：吕葳（吕正操将军的侄女）、吕正操、贝祖诒的遗孀蒋士云女士、张学良、张闾蘅（张学良五弟张学森之女，现为全国政协委员）、阎明光（阎宝航之女、阎明复之姐）。

2005年4月19日，百岁将军吕正操为《张学良画传》题写书名。图中站立者为本书作者张友坤。

2008年12月12日，沈阳帅府博物馆馆长郭俊胜（右二）在台湾新竹与马英九（右三）、台湾新竹县县长郑永金（左二）、张闾芝（左一，张学良五弟张学森之女）准备为重建后的张学良故居前的张学良、赵一荻铜像揭幕。

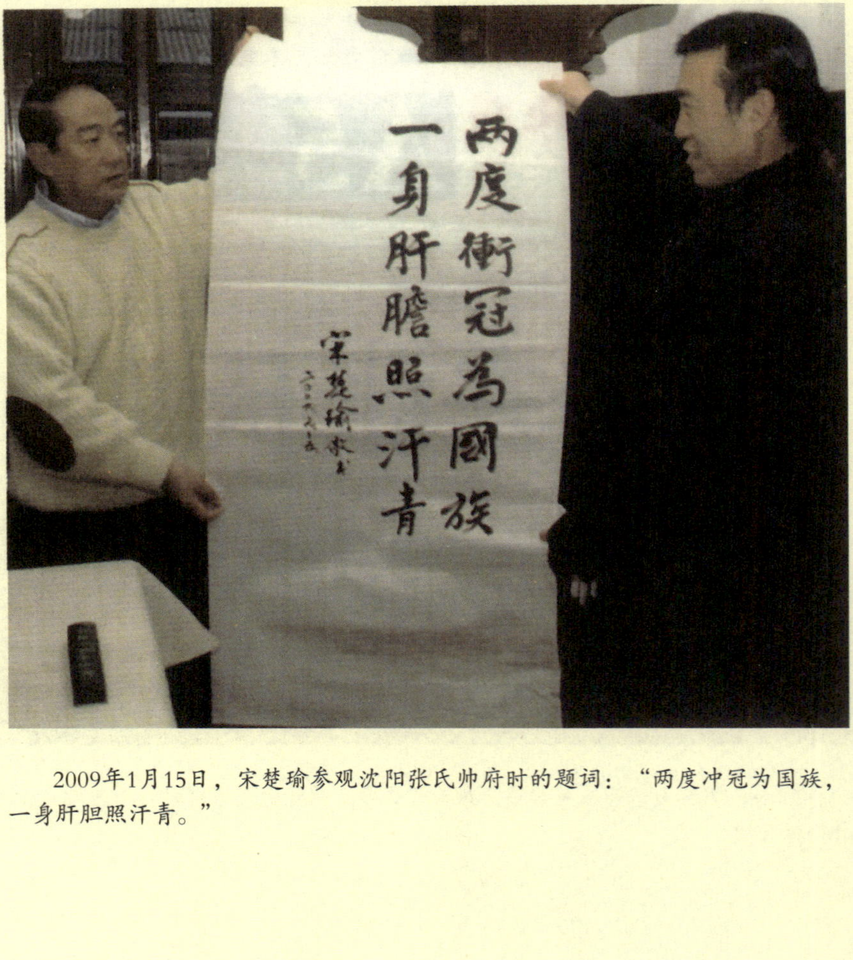

2009年1月15日，宋楚瑜参观沈阳张氏帅府时的题词：“两度冲冠为国族，一身肝胆照汗青。”

张学良在台湾新竹县五峰乡井上温泉（又称“清泉”）修复的故居现名为“张学良文化园区”。（张友坤 摄）（上图）

此为坐落于新竹县五峰乡井上温泉张学良故居前的张学良与赵一荻塑像（张友坤 摄）（下图）

张学良的部分遗物存放在台湾新竹县井上温泉张的旧居中（张友坤 摄）（上图）

张学良在台北北投的旧居（离开台湾前已出售）现为一家饭馆，取名“少帅禅园”，门楼左侧书有“张学良少帅旧居”标志。（张友坤 摄）（下图）

[目　录]

[第一章]　先祖逃荒闯关东　“六子”乱世车上生 / 1

一、祖籍·身世 / 2

二、墓地“龙脉” / 9

三、“小六子” / 14

四、资聪顽童 / 17

[第二章]　恩师启蒙少帅心　四弟学思将军魂 / 25

一、二张师生缘　伯苓点明灯 / 26

二、张氏兄弟好　学良重学思 / 30

[第三章]　一夫当关二妻随　冰霜爱情日月垂 / 35

一、结发凤至 / 36

二、终身赵四 / 42

[第四章]　从军露角敢易帜　调停大战忆伤痕 / 53

一、为学医“误”入军途 / 55

二、直奉战争露头角 / 60

三、首战告败欲报仇 / 64

四、张作霖大骂“小六子” / 69

五、息争御侮 / 74

六、东北易帜 / 80

七、奥运情结 / 92
八、入关息战 / 96
九、伤痕苦忆 / 103

[第五章] 兵谏长安转乾坤 身陷囹圄终不悔 / 115
一、兵谏挽狂澜 / 116
二、被扣无怨悔 / 164

[第六章] 迁徙两岸岁月幽 安居异邦思乡愁 / 171
一、迁徙幽居 / 172
二、两岸庆华诞 / 201
三、他乡自由身 / 212
四、乡情思绪 / 228

[第七章] 墨宝兰花冶性情 心醉国粹京戏迷 / 243
一、墨宝刚劲秀 / 244
二、将军兰花缘 / 249
三、尚国粹 迷京剧 / 256

[第八章]　师生将帅重会晤　张吕学良连正操 / 265
一、忝列门生　情同袍泽 / 266
二、赵一荻八十寿宴 / 271
三、久别重逢　三次密晤 / 277

[第九章]　南开门徒领风骚　学良恩来芳万古 / 291
一、“同乡同师”同爱国　各为中华做贡献 / 292
二、“患难”之中结友谊　周为救张竭全力 / 294
三、党和人民常思念　期盼将军归故里 / 300

[第十章]　寿比南山百春度　星陨长河千秋憾 / 303
一、何以高寿 / 304
二、魂落异邦 / 319

世纪之星　光耀千秋——张学良生平年表 / 328
[后　记] / 347
[再版后记] / 349

[第一章]

先祖逃荒闯关东　“六子”乱世车上生

一、祖籍·身世

非望族，亦非豪门。张学良的先祖原籍河北大城县。清晚期，遭灾荒，先祖挑担装着儿女逃荒到今辽宁省海城市驾掌寺地方，射箭占地（东北地广人稀，物产丰富，占地容易），除耕种外，以烧碱为生，仅能糊口。

张家本为李姓，高祖时代，张家与李家结亲，他们又都是同时逃荒到东北的，后因张家无子绝户，领养李家之子，以继香火，李家之子随张姓。到张学良已是第六代。

祖父张有财娶妻邵氏未生育，邵氏病逝后，续娶王氏，生育3男1女。长子作泰，因男女之事被其父在吃饭时用棍打死，年仅18岁；次子作孚，在宣统年间剿匪阵亡；老三作霖，日后声威；女儿最小，嫁给杨姓。

张有财为人慷慨侠义，对于乡里不平事，虽与己无关，多挺身而出。尽管家境贫寒，衣食无着，还常出入赌场，因为在赌场得罪王某而丧生。张有财死时张作霖才10多岁。

张作霖，字雨亭，号畬堂，1875年生于今辽宁省海城市北小洼村，后迁至驾掌寺村。他个头不高，清秀机敏，胆识过人，略通文墨，大志在胸。时逢庚子之乱，他凭着江湖义气，拉帮结伙，同几位好友共营保险生涯（保险者，乃是在政府控制不了的地方，盗贼蜂起，豪强者集聚人马，保护地方），驻守某地时，由某地供给粮饷，此地之治安则须他们负责保护。当时张作霖驻扎八角台（现属台安县），后来有一伙豪强的头领海沙子，率领一伙人马过境，向八角台索要粮饷，如不交出，即行攻打。

◎ 任清军巡防营统领时的张作霖

◎ “大帅府”始建于 1915 年，图为一进院大门。
◎ 坐落于大帅府内大青楼门前的假山及花园
◎ “大帅府”西院是由七座红色洋楼组成的建筑群，由张学良规划并奠基。

◎ 大帅府办事处，又称帅府舞厅，位于帅府院外东南侧，是张氏父子接待国内外要人的地方。

张作霖向交涉者说："我在此地，受父老之托，受人家供养，保护此地，你们在此勒索，我决不应允，如相攻打，必致糜乱地方，民众受苦，于心何忍？"他相约与海沙子单独决斗，在郊外同时以枪互相射击，如张死，海则领张之众，领受此地粮饷；如海死，则海众归张。于是二人在八角台郊外同时互相射击，结果张作霖仅受轻伤，海沙子毙命，张遂收其众，实力大增，名声远扬。从此，张作霖由略懂兽医之术的普通游民，继而草莽英雄、清朝将领、洪宪子爵、民国将军，多次入关参与军阀混战。

第一次直奉战争后，张作霖自任东北保安总司令，成为名副其实的东北王。在第二次直奉战争中，张作霖大获全胜，势力扩充至上海、江浙一带，控制了北洋政府，成为北洋军阀政府的末代元首。因为他始终只想依靠日本人的帮助扩大自己的势力，问鼎中原，而不愿死心塌地充当日本侵略中国的驯服工具，以软磨硬泡装糊涂的外交手腕对付日本的无理要求，

◎ 身着陆海军大元帅服的张作霖

惹恼了日本侵略者，1928年6月4日晨，被日本关东军炸死于沈阳附近的皇姑屯，时年54岁。

张作霖死讯很快传到张学良处，他正在滦州指挥奉军撤回东北，立即化装成伙夫，乘闷罐车，于6月18日秘密潜回沈阳。

次日，张学良、臧式毅和刘尚清等以张作霖名义，伪称张作霖大元帅正在病中，所有督办奉天军务一职，不能兼顾，由张学良代理。并通告各国领事，官商各界纷纷前往拜谒，各国驻奉领事，也到督军署祝贺，至此奉天人心安定。张学良发表《就任奉天军务督办通电》，公布施政纲领：（1）罢兵言和，反对内战；（2）睦邻政策，友好外交；（3）精兵主义，兵农实边；（4）开源节流，政治改革；（5）尊重民意，取诸公决。“以上所列之则，秉承于庭训，内则发动于良心，端绪虽繁，精神不贰。志愿所在，生死以之。敢布腹心，敬希公鉴。”此为张学良之就职演说。

6月21日下午，奉天省长公署公布张作霖逝世的消息，成立丧仪委员

◎ 1928年6月4日，日本关东军制造的皇姑屯炸车案现场之一。

会，委员长张作相，副委员长袁金铠。开吊公祭，为张作霖发丧。全城下半旗。停止一切歌舞，以示哀悼。并成立葬仪筹备处，负责勘测墓地和修建陵墓。

同时公布《张作霖遗嘱》：“余不幸归途遇险，今病势已笃，殆朝暮间人矣！早自誓以身报国，死生置诸度外。……惟是救国之志未遂，不免耿耿耳。今以奉天重任付于学良，望汝善为料理。延聘贤能，修明内政，使人民安居乐业，以慰父老悬悬之望。一面努力和平，以弭战祸，促成统一，勿背余佳日息争通电之旨。并盼我袍泽同人共体此意，但能遵余之遗嘱，事事以国家人民为重，协力进行，即足征诸同人相爱之诚，余身虽死，亦瞑目矣。”

该遗嘱表达了张作霖本人的意愿，即：一是名正言顺地把东北军政大权交给张学良；二是谆谆告诫张学良要罢战息争，保境安民。

7月2日，东三省议会联合会一致决定推张学良为东三省保安总司令兼奉天保安总司令。同日，张学良正式就职。张作霖的灵柩暂停放在奉天一个寺庙内，直到1937年才迁葬于驿马坊。

对于张作霖的人生，张学良在自传体遗著《杂忆随感漫录》中有如下评说：

“现在恕我斗胆以子论父，给他一个论断：生非其时，他确具有刘邦、朱元璋之风度；亦具有项羽、陈友谅之气概；英雄豪杰也！！”

如今，我们回望张学良的世纪人生，可见其父遗风。

二、墓地“龙脉”

张作霖墓地与其父张有财的墓地相距200多里，人称龙脉之地，在当地有一番传说。张有财的墓地在今天的大洼县驾掌寺叶家铺子村附近。在张作霖十多岁时，张有财与当地栾家铺子的一位姓王的赌徒发生口角，争执起来，张有财激动地说：“谁要输了，就拿老婆抵债”。结果姓王的输了。王怕真的以老婆抵债，对张有财怀恨在心，产生杀人恶念。当张有财经过一片树林时，他乘其不备，一脚将张有财踢死。（另有说法，是用镐打死的。）王见出了人命，便逃之夭夭。张作霖与其母王氏很久不见张有财回家，便托人四处打听，未见踪影。一日，他家养的一只黄狗，从外面回来，向王氏狂叫，并咬住王氏的衣服往外走，一直走到一里多外的一片树林边的壕沟里，才发现了张有财的尸体。张作霖与其母万般无奈，只好先将张的尸体用一领苇席卷好，用三根柳条编的绳子捆住，埋在村头河边的无主荒地上。后来发大水，将张有财的尸体冲出一里多远，露在河边的高粱地上。张作霖又将其父的尸体就地挖坑掩埋。此前尽管张作霖把其父被害之事告到官府，可是杀人犯早已逃跑，难以缉拿。再加上张家一贫如洗，无权无势，无人替他们说话卖力，此案不了了之。

20年后，张作霖当上“东北王”。这时方圆几百里的老百姓都说张作霖把他爹埋到龙穴里了。据张学良的表侄赵凤舞回忆：还有很多人说，当时张作霖是用千层芦叶板、三道纸金箍把其父给埋了。张作霖对此很迷信，认为是“天地兆应”，“兆应既得”，“仍其旧兆”，所以其父的坟始终未迁，唯恐风水遭到破坏。

张作霖墓园

張作霖之墓
趙氏夫人

1912年，张作霖已升任中华民国陆军第二十七师师长。他并不满足，还想继续飞黄腾达，让父母神灵保佑他进一步升官发财，于是委托姐夫吴永恩带领风水先生，从山海关开始，在辽西寻找茔地，终于在十三峰下的石山镇驿马坊村附近找到了一块风水宝地。此地位于东北三大名山之一的医巫闾山余脉，石门的山脚下今凌海市（锦县）石山镇驿马坊村附近。这一墓园埋葬着张作霖的母亲王太夫人和张作霖及原配夫人赵氏（张学良的生母）。据张作霖墓园的护陵人李子元等几位老人回忆，过去在石门附近有13个山峰，到了清末民初时人们称这里为石山。驿马坊在清代是个驿站，因乾隆皇帝到盛京（今沈阳）路过此地，在这里饮过马，故得此名。

张作霖与夫人赵氏及其母亲王太夫人的墓地，安葬方向是头西脚东，正对着两山夹一岗的猴山（因过去这座山顶上有一块几十米高的猴形巨石而得名，后采石被毁。），在这座猴山的前坡，还有一块巨型的白石，每当旭日东升，白石闪耀发光。距张作霖墓地的西南、西北方向约10公里地，依次排列着鹰嘴山、猴山、印山、望海寺山。在当地有这样的传说：两山夹一岗必然出皇上，还有封侯、挂印、骑马、当官之说。在民国以前，石山附近的山上，到处都是原始次生林，望海寺山上还有一座寺庙，古树参天，松柏常青。在距墓园约百米远的地方，溪水不断。

◎ 张家墓园（左上图）
◎ 张作霖与赵氏夫人之墓（左中图）
◎ 张作霖母亲王太夫人之墓（左下图）

◎ 张学良为其父修建的“元帅林”

原墓园内外占地面积40垧（现园内占地面积只有20垧）。墓园内原来的近千棵松柏，1958年因患松毛虫害而被伐去，1993年在墓园内又种植了近千棵果树。张作霖的墓园现为辽宁省锦州市重点文物保护单位。目前墓园内，除两座原墓完整无损外，还保存着张作霖为其母树立的九眼透龙碑和宣统皇帝1910年给张作霖之母王氏的诰命碑及供桌、石柱、围墙等。

1936年张学良在西安时，派吴永恩之子吴廷奎回沈阳办理张作霖灵柩运往驿马坊茔地事宜。吴到沈阳后，先与东北军旧部张景惠（时任伪满洲国黑龙江省省长）、张海鹏（时任伪满洲国陆军部部长）等人联系，得到了他们的支持。与此同时，日本侵略者也想利用张作霖灵柩运往驿马坊之事，大做文章，鼓吹什么“日满亲善，一德一心”等等。当时的伪满报纸曾报道：“张氏遗骸埋葬，协和会之美举”，等等。

1937年6月3日，由奉天开出一列专车，直到石门车站，送葬队伍有一里多长，参加人员有日伪官员和一些张作霖当年的部下将校军官等，同时还有喇嘛、道士、和尚、鼓乐队等。张作霖的灵柩在此安葬后，除“文革”期间墓门前的石柱被推倒、部分院围墙有些损坏外，主体建筑仍保存完好。现在到驿马坊参观张作霖墓园的人不少。1987年在张作霖安葬50周年之际，张作霖的侄儿张学文偕夫人王文瑞及家属，在张学思夫人谢雪萍的陪同下，专程到驿马坊墓地祭奠扫墓。

三、“小六子”

张学良，字汉卿，号毅庵，乳名双喜，后改称“小六子”，曾化名李毅、李宜，曾用名张逸春、张从善，笔名曾显华（张学良为感念引导他皈依基督的曾约农、董显光、周联华三位牧师，特意从他们每个人的名字中各取一字作笔名。）

张学良为什么叫小六子？是因为排行老六吗？不是。是因聪明而称“鬼子六”吗？也不是。是因为张作霖当年闯荡江湖时，有一次逢凶化吉，又喜得长子，此乃双喜临门，就给长子起名“双喜”，后改乳名双喜为“小六子”。

1900年，张作霖在镇安县（今黑山县）赵家庙，拉起一支保险队，跑到北镇的中安堡，想独霸一方。当地不可一世的金寿山，被气得暴跳如雷。想打吧，怕不是张作霖的对手，不打吧，干吃眼前亏。他再三考虑，计上心来，派其子带领几名侦探，假降张作霖，被张收留。是年腊月二十三，金寿山的几名侦探，名为请假回乡过年，实为向金寿山报告张作霖大团正在杀猪宰羊准备过年的情况，并建议金寿山乘其不备，给张作霖来个连窝端。金知情后，勾结驻扎附近的一连沙俄骑兵，于除夕那天星夜疾驰中安堡，团团包围张作霖的住宅，喊声大震，枪声四起，外攻内应，张作霖被打得溃不成军。他拼命从镇南打开一个缺口，带着眷属和残部，手持双枪边打边突，宋老风背着张作霖的女儿首芳（又名冠英），汤玉麟搀扶已怀孕的赵氏，孙大虎背着新过门的卢氏，由张作霖掩护，狼狈冲出中安堡。在赵氏坐大马车前往詹家窝堡赵明德（张作霖妻之堂侄）家的路途中，一个婴儿降生在大马车上，这就是后来赫赫有名的张学良，时为1901年6月3日（光绪二十七年四月十七日）。

张作霖几经波折，到了八角台附近，和当地保险队的头目张景惠取得了联系。八角台这个新民厅（翌年改厅为府）所辖的小古镇，虽然人口不多，但由于它位于盛京（今沈阳）与关内的要道，明清时代就有商贾行人经常过往此地。张景惠与张作霖早有结交，张作霖随机应变，在镇上有权有势的岁贡张子云的支持下，和张景惠联合起来办团练，成为头领。他丢了中安堡，得了八角台，可谓“失之东隅，收之桑榆”。

张作霖在八角台得知妻子生了男孩的喜讯，非常高兴。张景惠和陶元恭等人纷纷前来道喜，大家异口同声地说：“人生之喜莫过于立子呀！”张作霖乘兴对大家说：“领谢大家的吉言，诸位分神给孩子起个名。”听过张的请求，有的踱步深思，有的低头冥想。一位叫陶历卿的师爷（文牍）抢先说：“团长升官得子可谓双喜临门，那么小少爷何不以‘双喜’为名？”大家不约而同地称赞：“太贴切了！太贴切了！”

双喜满月不久，赵氏从詹家窝堡迁到了八角台。一个偶然的机会，张作霖从街上叫来一位算命瞎子，让其给长子批批“八字”。算命瞎子一听请他算命的人是八角台的团练长，心想“八字”批好了定能得到重赏，批不好定要招来麻烦。当张作霖夫妇报过长子的生辰后，算命瞎子装模作样，屈指念念有词：“少爷本是辛丑年癸巳月癸丑日壬子时降生，孩子大福大贵，但命硬克父母。”张作霖喜中生忧，拜求算命先生，求其解法，以免灾难降临。算命瞎子说：“要想解除忌讳，少爷的名字必须得庙上赐给，先许愿，还愿时，将孩子的头发剃成光圈并另扎一个纸人假作双喜放在庙内，拍打真的双喜跳越板凳，跑出庙门至大街上，此时有喊什么声音的，就以此作为他的乳名。”当时头一个听到有人喊小六子，所以张学良就改乳名双喜为“小六子”。这样似乎张学良就变成了另一个人，可免克父母之灾。数十年后张学良讲起这一趣事时说：“当时若有人喊王八蛋，

◎ 张学良的养育地——辽宁省台安县九间乡詹家窝堡屯

我就叫王八蛋了。”

说来凑巧，张学良11岁丧母，28岁丧父，这是历史的巧合，并非算命的高明。另外，张作霖被炸身亡时，正是农历四月十七日，恰与张学良的农历生日是同一天，被张学良视为忌日。他从不在这一天过生日，因为他一想起父亲就特别难过。

四、资聪顽童

出生在大马车上的张学良，养育在辽宁省台安县桑林子九间乡鄂家村詹家窝堡屯其表哥赵明德家。其母赵氏（名春桂），性格刚烈而又十分善良，生有一女二男（即首芳，学良，学铭），因为张作霖闯荡在外，尚未发迹，家境十分困难，赵氏生张学良后就病了，没有奶水，孩子只能靠奶妈喂养，奶妈45岁，是花一块银圆雇来的。

1986年张学良在跟晚辈谈及此事时说："在娘胎里上帝就造就了我，他们都没想到我还能活着。我过去身体很不好，有个大夫说，我的身体很坏。我是靠喝米汤活着，不是你们今天喝的大米汤，而是高粱米汤，后来再大一点，则由大人把煮熟的高粱米嚼碎喂我吃，就这么活着。活到一岁多。那时我们家还穷得很，雇了一个奶妈子，她对我很好，后来我一直养着她。因为生活太苦，我五六岁时，连话都说不清楚，我舌头短啊，不好使，小时候人家都说我不会说话了。你爷爷到外边去做事，把你奶奶扔在家。她不回娘家。本来我外爷家多少富裕一点，是个小地主，可我们没有饭吃啊，睡的床也没有，奉天那里都是睡炕，没有炕席啊，只能直接在土坯垒成的炕上睡觉。我妈常让我看她的腿，就是这个地方（张比画着自己的腿部）都磨成了腿腿。你们知道吗？这是怎么来的，这是睡炕睡出来的。我爸爸常告诉我，你可不能对你舅妈不好，没有你舅妈，就没有你。那时我妈没有饭吃啊，有时几天都吃不上饭，是我舅妈从她们家里偷点米送给我妈吃，我原来不喜欢我舅妈，所以我爸爸才经常提醒我不要忘恩。鉴于此，我舅妈死后，舅妈一家都是我养活的。那时穷啊，你爷爷冬天穿

◎ 张学良姐弟与母亲在一起合影。经沈阳张学良旧居陈列馆杨景华教授考证，自左至右分别为：张学良、张冠英（字首芳）、张学良的母亲、张学铭。

◎ 15岁的张学良

个大褂，还装漂亮。……”正是因家境贫寒，生活艰辛，操劳过度，张学良的母亲赵氏1911年病故，年仅38岁。

张学良的幼年是在这样动荡不安、家境穷困的环境中度过的。这一客观事实给他幼小稚嫩的心灵打下了深深烙印，对他后来的成长和爱国爱民思想的萌生，产生了深远影响。

赵氏生前与张作霖的二夫人卢氏相处甚好，临终嘱托卢夫人抚养学良姐弟。同年，张学良与姐弟随卢氏进入东北的政治、经济、文化中心——奉天（今沈阳）。

张作霖望子成龙，在家为子女开设私塾馆，聘请名师杨景镇、白永贞、宋文林、金梁等任教，奠定了张学良深厚的中国传统文化功底。1915年，张学良拜奉天交涉署英文科长徐启东为师学习英文，同时又跟东三省测量局局长陈英学习法语和数理化知识，这使他打下了坚实的外语基础。与此同时，张学良接受西方资产阶级民主主义思想，使他成为开放型的人物。

1916年，张学良经周大文介绍加入奉天基督教青年会，经常由阎宝航陪同参加青年会举办的各种活动，与阎宝航结为莫逆之交。

张作霖共有6位夫人，14个子女。其中8男6女。

张学良则有7弟、1姐、5妹。弟者：学铭、学曾、学思、学森、学俊、学英、学铨；姐者：冠英（字首芳）；妹者：怀英、怀瞳、怀青（也叫怀卿）、怀曦、怀敏。他非常尊敬大姐，特别喜欢最有出息的四弟张学思。

◎ 张学良与弟弟们在一起合影。从右至左分别为：学良、学铭、学曾、学思、学森、学俊、学英、学铨。（右上图）

◎ 张学良的姐妹们在一起合影。从右至左分别为：冠英、怀英、怀瞳、怀青、怀曦、怀敏。（右下图）

◎ 1936 年 6 月张学良给女儿张闾瑛的驾机签名照片

张学良自幼天资聪颖，活泼顽皮，胆大妄为，善于观察人物，喜读文艺传记，常有独立见解。初学为文，即能下笔千言，尤爱各项体育运动。陆续学会骑摩托，开汽车，驾飞机；他一向佩服强者，同情弱者，“任可为好汉子牵马坠镫，不给懒汉子当祖宗。”

祖母丧时，张作霖从北京邀来能工巧匠，在沈阳大南门内住宅（其时尚未翻造为“帅府”）搭建一座布棚礼堂，全用白布蓝布扎成，流苏四垂，素采耀目，可谓“高棚跨路，广幕凌云”，此棚分为三层，在城外远远即可望见。学良方十二三岁，竟敢攀登直到棚顶，一旦失足，不堪设想，家人吓得目瞪口呆，不知所措。他却从容不迫，由棚顶缓缓爬下，被父亲痛责一番，说他简直是以性命作儿戏。

尚有一次，张学良读书时，竟与表哥和一位弟弟各用一个广口瓶，把红、黄、蓝三色粉笔细粉分别放入三个瓶中，再把捉到的苍蝇装进去，然后放飞，他们捕捉各自认定的一种带色苍蝇，捉多者为胜方，其中有一苍蝇飞到老师的书上，因老师两眼近视，不辨何物，看了好久，最终还是发现了他们的恶作剧，毫不客气地对他们进行惩罚。老师曾对张作霖说，你儿子简直淘气得不能要了。

张学良还因戏弄老师而挨板子。他的老师杨景镇为人顽固守旧，民国成立十多年了，仍保留头上的辫子。他不但不剪，还不准张学良剪，张学良认为是奇耻大辱，等杨老师回家度假，张学良把辫子剪了。老师回来，大为不悦。申斥道："身体发肤，受之于父母，不可任意毁伤。"张学良说："老师，那么你是应该留全发的，你那一半岂不是毁伤了？"杨说："这是皇上家的意旨。"张说："皇上已经完蛋了！剪辫子那才是政府的法令哪。"杨怒气大发说："这个没有皇帝的朝廷，还能会有多长时间呢？！"如此这般，张学良自然不服老师的说教。

对刻板式背诵四书五经章句的读书生活，张学良很厌倦，常因表达独立见解而受到老师非议。16岁时，老师让他以"民主国之害甚于君主"为题作一论文。他反其道而行之，一破题就写道："民主国之害甚于君主，此乃三村（按：指三家村）愚夫愚妇之谈也。引证法、美、瑞等大小强国民主之现状，又引希腊、罗马，古代民主之事实，申言目下中国不良之状况，非由于民主之弊，乃由于帝制余孽，不解民主为何之老朽昏庸作祟所致，待余孽死绝，民主之光自显。所叹息民主国之害甚于君主者，昧于不明世界大势，不悉世界古今历史，正所谓坐井观天者也云云。"老师看后，罢教而去。张作霖怒形于色，执意责罚张学良。后来，张作霖的部下袁金铠给张作霖讲了一段年羹尧的故事，并亲读张文，对其精辟见解，大加赞赏。袁对张作霖说："这是个有思想的青年，这位先生是不能再教这位学生了，此非学生之过。"张作霖则由怒变喜，另请比较开明的白永贞施教。可见张学良读书之多，见识之广，思想之新，是一般少年所无法比拟的。

白永贞是一位孝廉公，曾任过知府。他主张因材施教，未对张学良的行动严加约束。关于读书做人，他时加劝诱指导，认为张学良是不宜于在书房读书的人。即此，张学良才有机会走向社会，广交朋友。

张|学|良|身|影|集

All About Chang Hsueh-Liang

[第二章]

恩师启蒙少帅心　四弟学思将军魂

一、二张师生缘 伯苓点明灯

张学良没有进过正规学校，受的是私塾家教，不仅有旧学功底，而且深受西方文化的影响。他曾对侄辈们说："我十五六岁时，简直是个爱国狂，不光我个人爱国，那时很多青年都爱国啊！为什么？当时我们东三省让日本欺侮的够呛。日本向袁世凯提出"二十一条"，要灭亡中国，我心里很不舒服，因为要当亡国奴啊，中国要灭亡，东三省要完蛋了，要被日本吞去。我心里很难过，我身体不好，还吐血了，那时候你爷爷有个医务处长，他是个基督徒，他跟我很好，他劝我说：'你不要灰心（可我觉得国家到了如此地步，作为一个中国人，活着还有什么意思？），你可以出去散散心，我给你一张票，去听听讲演。'那时我还不懂这玩意儿，没有这个时髦，当时奉天基督教青年会请张伯苓讲演，票上注明讲演的题目是《中国之希望》，这就打动了我的心。中国将来的希望会是什么？我正为这一问题彷徨呢，我要去听听。那时我十五六岁第一次出去，要是与张伯苓熟悉，当时非跟他干起来不可。年轻时我冲得很。张伯苓开头就说：简言之，中国将来的希望有我。哈哈！有你，你算什么东西，有你又怎么样，我真想站起来问他，你算什么东西。可他慢慢地讲，说人哪，一般不要灰心，你应该自己站起来说，中国的事就是我的事，我负责中国的事，大家都说中国有我，中国就有办法了。"正是这一富有哲理的演讲，使张学良茅塞顿开，大有所悟，明白了"天下兴亡，匹夫有责"的道理，从此张学良与基督教青年会和时任南开大学校长的张伯苓先生开始有了来往。

1928年，张伯苓为教育国民认识日本对东北的侵略，成立南开东北

◎ 张学良的爱国思想启蒙恩师、南开大学第一任校长张伯苓。

研究会。派该会负责人专程去见张学良，聘他为该会名誉董事。张学良欣然接受，并捐助研究费500银圆。是年12月，张学良在沈阳又会见即将赴欧美考察教育的张伯苓，对其“以半百之身远涉重洋，努力于教育之发展”，“殊堪钦佩”，当即向南开大学捐款20万元，作为学校发展基金。张学良兼任东北大学校长后，对校务实行改革，特别倚重张伯苓，聘他为东大校务委员会委员，以南开校友宁恩承为秘书长，代行校长职务。张伯苓多次赴沈阳为东大改革和建设出谋划策，还派南开大学秘书长，体育课负责人去东大指导工作。张学良还把南开庶务课主任借调到东大管理后勤，南开成功的办学经验得以在东大推广。当时报刊曾有报道："南开精神由白河之津而展之辽河之滨矣。"

九一八事变后，东北大学学生背井离乡流亡关内。张学良承受"不抵抗将军"的骂名，想方设法收容学生和难民。张伯苓主动为张学良分忧解难，先后接纳78名东大学生免费借读。这对一所私立大学来说，自然是不小的负担。张学良对张伯苓一直感念不忘，总以师礼事之，并以张伯苓私淑弟子自居。1936年4月9日，张学良与周恩来在肤施（今延安）的一座天主教堂会面时，就曾对周恩来说："我和你同师，我们都是南开人。"

1996年春，张伯苓诞辰120周年时，张学良给这位"启蒙"老师题词"桃李满天下"，以示纪念。

张伯苓对张学良一生之深远影响，从1930年张学良在南开大学的一次讲话中可见一斑："予幼时对国事异常悲观，以为中国将从此任列强之宰割，无复望矣。及14年前于辽宁青年会聆听贵校长张伯苓先生《中国之希望》之演讲，中有'中国之希望不在任何党派，亦不在任何官吏，而在每一个中国人之发愤图强，努力救国'云云，予闻此，大悟悲观之非当，乃立誓本个人之良心，尽个人之能力，努力救中国。予之有今日，张先生一言之力也。"

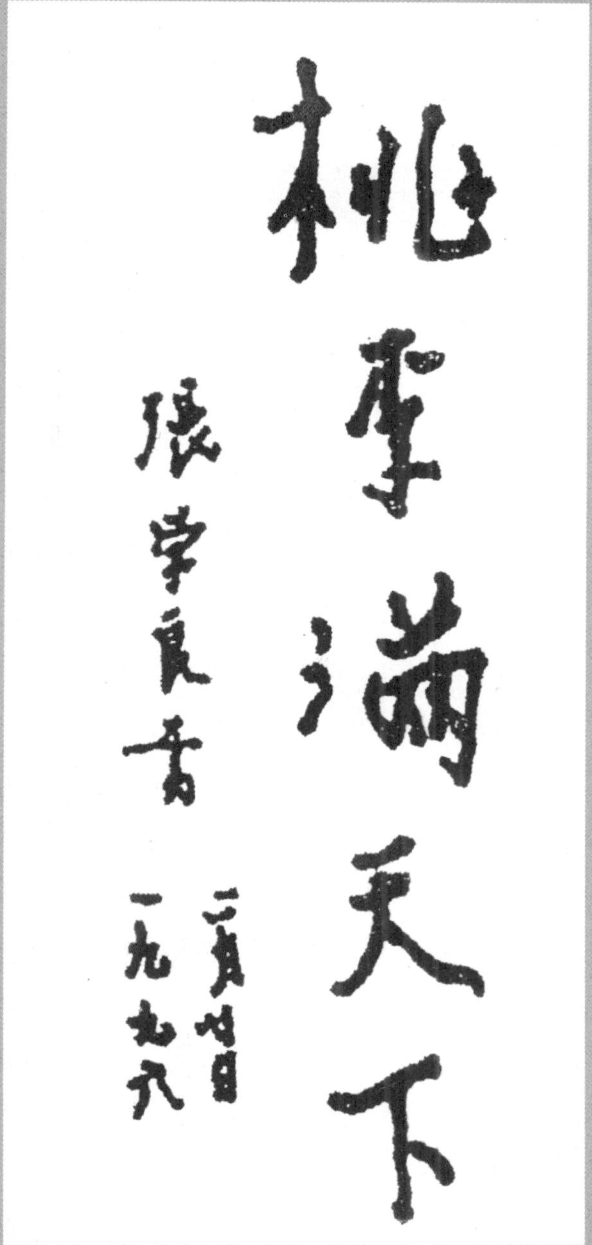

◎ 此为1996年2月20日张学良在夏威夷为恩师张伯苓先生120周年诞辰之题词

二、张氏兄弟好　学良重学思

张学思（1916—1970）系张作霖的四夫人许澍旸所生。许氏生于河北宛平县一乡村铁匠之家。幼小时家乡遭灾，父亲病故后，母亲带她闯关东到辽西新民县一个穷乡村里，靠给有钱人家缝补浆洗为生。许氏长到18岁时，被清军新民府统领张作霖相中，娶为四太太。许氏在张作霖的六位夫人中，可说是家庭出身最贫寒的一位，但为人正直，教子有方。张学思刚记事时，许氏常对他说："你和你三哥学曾都不要忘记你姥爷家的苦，不要摆豪门公子的架子，要平民化，千万别染上纨绔之风，吃喝嫖赌，叫人看不起，说你们没出息。你们要那样，我就不活了……"她还经常对学思、学曾、怀曦说："如果你父亲死了，张家的家业都是你们大哥和二哥的，不许你们去争，不要靠张家势力吃饭。"

张学思上小学第一天，他的老师朱焕阶告诉他明天上学不许坐汽车，也不要穿绸缎衣服，要和别的同学一样穿普通的布制衣服。对朱老师讲的条件张学思毫无丁点反感，反而笑嘻嘻地都答应了。回家后他把老师讲的事与母亲一说，许氏非常高兴，令裁缝给学思和怀曦做了普通的布衣服。张学思在奉天省城第四小学读书期间，许氏常给老师打电话，询问学思在校读书情况，并嘱咐老师："若张学思在学校犯错误就打，希望不要姑息。"在学校老师与许氏的教育下，张学思和张怀曦的思想品德、学业成绩均为优秀。这些为张学思日后成为赫赫有名的中国人民解放军将领奠定了重要基础。

张学思考入省城同泽中学，1931年初转入北平汇文中学。1933年3

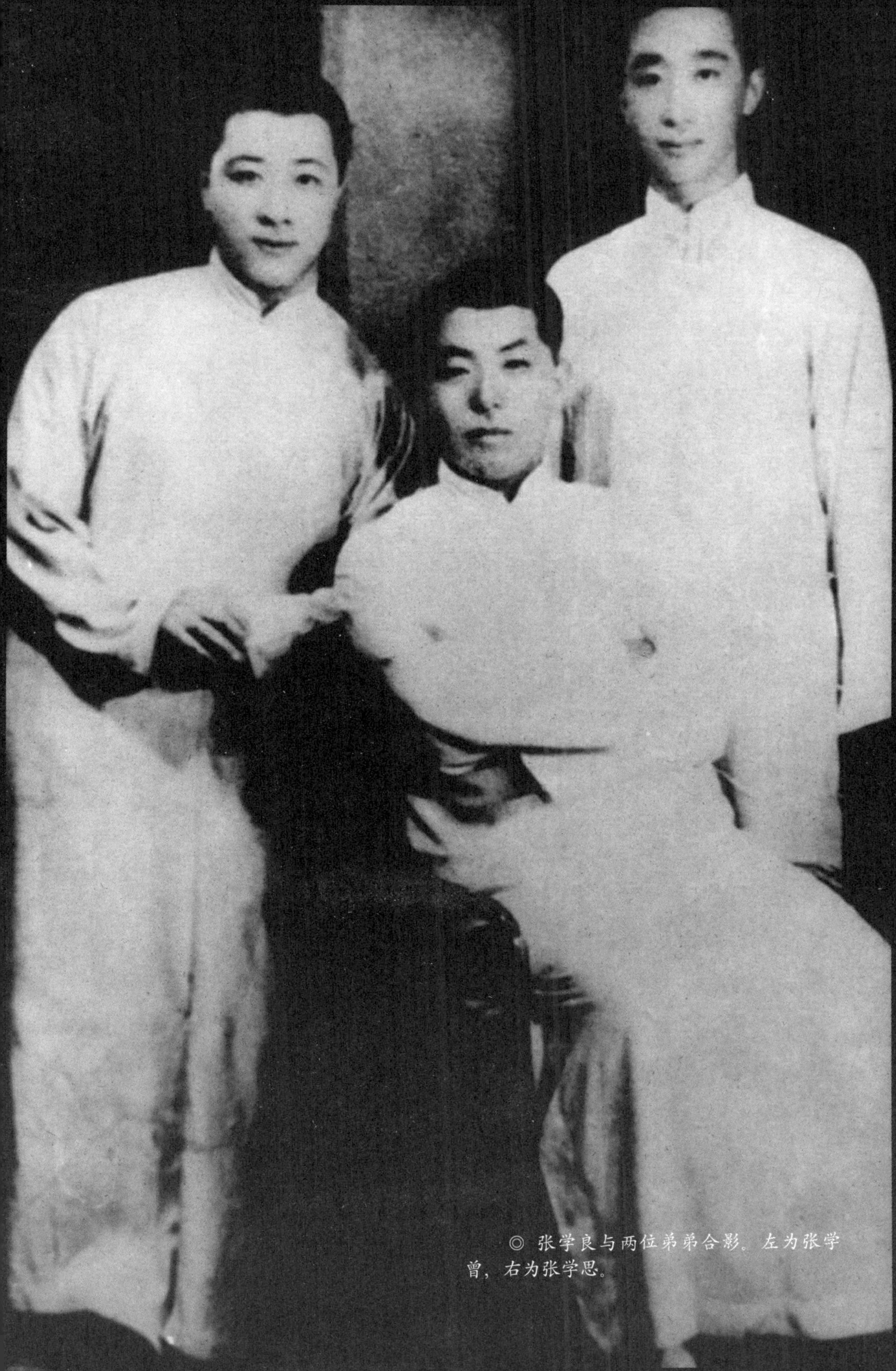

◎ 张学良与两位弟弟合影。左为张学曾，右为张学思。

月，张学思经中共地下党员王金镜介绍秘密加入中国共产党。张学思入党后，为奔赴抗日救国战场，决心学习掌握军事本领，联络一些同学共同抗日。他把自己的想法和张学良讲了，张学良听后说："好啊！四弟果然有出息。"后来张学良在张学思高中毕业后的1934年7月，就保送他进国民党南京中央军校（前身为黄埔军校）第十期预备班读书，翌年，转为步兵科正式学员。在校期间，他刻苦钻研业务，团结同学，受到军校教育长张治中的表扬。张治中曾向张学良说："张学思能吃苦耐劳，成绩优良，是个出色的人才，很有培养前途。"张学良对此非常高兴，因为和四弟同期的有何键的儿子与朱培德的弟弟，他们的纨绔之风很盛，又不听管束，而自己的弟弟则与其完全不同。他感慨地对张治中说："在七个弟弟中，我最器重的就是这个老四。他有志气、有头脑，精明能干，勤奋好学，而且没有一点纨绔之气。我们张氏八兄弟，将来大概只有他会有些出息！"

1936年12月12日，西安事变爆发后，张学思被学校逮捕，一直关押到12月25日（张学良送蒋介石回南京的那一天）。在张学思被释放的第二天，他专程到南京鸡鸣寺宋子文公馆去看望大哥张学良。这一天来看望张学良的各界知名人士很多，张学良几次想抽空和张学思说几句话，都没有机会。最后只好说："今天我很忙，三两天我就要回西安，你明天再来，我有话与你详谈。"当张学思再次前往鸡鸣寺看望大哥时，得到的消息却是张学良被军事法庭秘密审判，押到孔祥熙公馆了。张学思非常气愤，随即驾车前往孔公馆，看到是国民党宪兵部队三步一哨，五步一岗，"守护"孔家宅院，不让他进去。他说："我是张学良的弟弟，请允许我见见我哥哥！"宪兵们回答，这里无此人。张学良听到四弟在院子里的吼声，便把住室的黑窗纱撩开，向学思摆手示意，要他赶快离开这个是非之地。张学思呆呆地站立了一个多小时才被迫离开。

张学良被幽禁之后，二弟学铭、三弟学曾均前往国外，唯有张学思为营救他大哥到处奔波（五弟、六弟、七弟、八弟当时还小）。

1937年1月，张学思由军校毕业后，到东北军第五十三军任见习排长。7月7日，卢沟桥事变爆发，社会上风传张学良将出来重新领导东北军抗日，张学思听到这个传闻，立即决定去看望大哥。7月中旬，张学思赶到浙江奉化溪口雪窦寺看望大哥。他在雪窦寺住了5天，大部分时间都是在特务们的监视下，在玩乐中度过。张学思到雪窦寺的第4天，突然风雨交加，吃过早饭后，张学良对学思说："今天不能出去逛了，走，到书房看看画报去。"这时，赵四小姐在忙着张罗同特务们玩牌的同时对他说："你们弟兄去吧，我们在这玩玩。"张氏兄弟趁机在书房里进行笔谈，张学思快速写着中国共产党的主张、抗战的形势、东北军的情况等等。张学良告诉张学思，他曾写信给蒋介石请求抗日，蒋介石回信不同意，叫他"好好读书"。最后张学良请他回去后转告东北军各军军长："东北军如能团结，抗日战争扩大，我就有恢复自由的可能"，并嘱咐他："多看进步书，回东北军去抗战到底！"张学思写了"你的话我一定照办！"长时间的笔谈，在特务们的监视下被迫停止。这是张学思与张学良的最后一次会面。张学思从雪窦寺回来，在东北军军政要员中，奔走呼号，号召大家团结起来，为营救张学良将军、共同统率东北军抗日而努力奋斗。他先后找到了第六十七军军长吴克仁、第五十三军军长万福麟、第五十一军军长于学忠、骑兵军长何柱国、第四十九军军长刘多荃以及原东北的政界领导王树翰、刘尚清、莫德惠等。要他们给蒋介石写信，并请莫德惠和王树翰为代表去给蒋介石呈送释张学良的信函。可是莫、王到南京后，蒋介石竟拒绝接见。张学思为营救张学良，虽然未达到预期目的，但是，通过营救活动，却使东北军的军政要员及全国各界人士，进一步认识了蒋介石背信弃义不抵抗的面目。

1938年10月，张学思到了延安，不久即进入马列学院学习。1939年9月，党组织派他到抗日军政大学三分校直属二队（东北干部队）担任队长。1940年9月14日，张学思与东北干部队的指导员高存信带领87名干部开赴冀中抗日前线。他带领的干部队伍被安排在冀中军区机关和抗日部队，为抗战胜利做出了贡献。张学思在抗日战争和解放战争时期先后被任命为冀中军区副参谋长，晋察冀军区司令部参谋处长，第十一军分区副司令员，辽宁省政府主席兼辽宁军区司令员。新中国成立后被中央军委任命为中国人民解放军海军参谋长，1955年被授予少将军衔。他在“文革”中被林彪、“四人帮”反革命集团迫害致死，年仅54岁。1975年4月8日，海军召开大会，为张学思平反，恢复名誉。4月19日，举行了骨灰安放仪式，其骨灰安放在八宝山革命公墓一室。

[第三章]

一夫当关二妻随　冰霜爱情日月垂

◎ 1930 年的于凤至。于凤至，字翔舟。其父于文斗极其富有，人称八爷，名震一方。张作霖早年曾受他破金相救之恩，两人结为金兰。张作霖在东三省发迹后，不忘故交，加之传说于凤至是“凤命千金”，有“娘娘”之尊，张作霖托人说媒，要张学良娶她为妻。1916 年，16 岁的张学良和长他 3 岁的于凤至结婚。张学良称她为大姐。于凤至知书达理，贤慧开明，与赵一荻相处甚好，共同扶持张学良专心致力于军政要务。1990 年 3 月病逝于美国。

一、结发凤至

1915年春，张学良奉父命赴郑家屯与于凤至相亲，因他反对“父母之命、媒妁之言”的封建婚姻制度，故到郑家屯后，成天躲在张作霖挚友吴俊升公馆，终未登门而归。是年6月，于凤至随其父于文斗到奉天探亲访友，并购置文房四宝及书籍字画，住在中街路南的天益堂药房。在张作霖的催促及吴俊升的撮合下，张学良以画店“掌柜”身份，送画上门，初次见到于凤至，极为惊异，与自己先前所想象的大不一样，只见她蛾眉凤眼，苗条秀丽，高雅端庄，落落大方，而且很有学问。在古画真迹鉴别上，张学良还被她弄得非常尴尬。因而一见钟情。

接着张学良两次登门造访，却被于凤至借口避而不见。此时的张学良抑制不住自己的激情，挥毫给于写了一首《临江仙》，表达对于凤至的爱慕思恋和羞悔交集的复杂情怀："古镇相亲结奇缘，秋波一转消魂。千花百卉不是春，厌绝粉黛群，无意觅佳人。芳幽兰挺独一枝，见面方知是真。平生难得一知音，愿从今日始，与姊结秦晋。"

于凤至也和了一首《临江仙》："古镇亲赴为联姻，难怪满腹惊魂。千枝百朵处处春，卑亢怎成群，目中无丽人。山盟海誓心轻许，谁知此言伪真？门第悬殊难知音，劝君休孟浪，三思订秦晋。"

张学良和于凤至结婚时，于文斗陪送女儿的嫁妆是两座银行，一处在沈阳，一处在锦州，分别叫富裕祥和庆泰祥，资财总计约有500万元之巨。除随于凤至嫁到张家的佣人外，还有一个由9人组成的专事管理妆奁财产的庶务股。这些财产大部分在奉天用于实业投资，奉天的服装公司和几个大字号就是于凤至的私产，奉天边业银行有于凤至的一半股份，这些财产直到九一八事变之前，都是很兴旺的。

张学良16岁与于凤至结婚，于时年18岁，张称于为大姐。于凤至知书达理，人品端庄淑慧，其贤德，确给张学良带来不少福气。

他们婚后次年，生下大女儿闾瑛。后来又连生三子。张学良为使子女不忘故乡，热爱中国传统文化，故在子女起名上颇下功夫。张学良深知家乡辽西的医巫闾山为东北三大名山之首（此山位于辽西北镇，形势险要，风景幽美，县城即建于山隈。清乾隆皇帝数度来游，为诸名胜区题词立碑。民国二年（1913）章太炎任东北筹边使，也留有诗作。），依据周时典籍《尔雅·释地》载："东方之美者有医巫闾山之珣玗琪焉，"给子女分别起名闾瑛，闾珣（字琰东），闾玗（字壁东），闾琪，闾琳（赵一荻所生）。他们四人生来俊秀、聪明，长得很像父亲。张学良对他们施以中西文化的全面教育，并习诗词书画。

◎ 张学良与于凤至生育的子女(从左至右)闾瑛、闾珣、闾玗三姐弟在一起合影留念。

1931年春，三子闾琪患病，入日本人开的南满医院诊治透视时，镜面突然爆炸，以致夭折。张学良夫妇十分痛心，悔不该将孩子送入虎口，张学良的随从医生马际宇因此革职。

长子闾珣，曾在英国读大学，西安事变后，张学良送蒋介石返宁，他从《大公报》上获知此讯，表示无奈："完了，我爸爸送到老虎口去了。"他催母亲尽快回国照顾父亲时说："您别管我们，我们都大了，您就照顾好我爸爸就行了。"欧战爆发，他一急，患了精神病，以后送回台湾，也去世了。

由于四个孩子出生时间相隔太近，张作霖怕影响于凤至的健康，不让她继续生育，便有意让她学抽大烟，据说这样可以使女子绝育。于凤至从此染上烟瘾，后来又发展到注射毒品。1927年在协和医院作子宫切除手

◎ 张闾珣 12 岁时的画作——望海峰（左图）
◎ 张闾玗 11 岁时的画作——闾山望海峰远眺（中图）
◎ 张闾琪 10 岁时的画作——闾山山石、树木、房屋。（右图）

术。1933年才彻底戒除毒瘾。

于凤至豁达大度，极有修养。当她知道张学良与赵一荻的事情后，同意赵一荻给张学良当秘书住北陵，在那上大学。赵一荻生闾琳后，于凤至将她接到家中（住赵四小姐楼），以姐妹相称，处得很好，于凤至给张学良管家，赵一荻在政治上给张学良以协助。张学良幽居期间，于、赵先是轮流陪护，后又同时陪护，直到1940年于凤至因劳累过度赴美就医，赵一荻将小闾琳改名换姓后送往美国，请朋友抚养，只身前往贵州修文县阳明洞陪伴张学良。

1961年，张学良的女儿张闾瑛和丈夫陶鹏飞教授应邀赴台讲学，他们奉母命，到台后要求探望阔别多年的父亲，几经周折，终特许“会见一小时”。父女见面，异常悲伤，女儿抢前两步扑倒在父亲跟前，凄楚地喊了一声“爸爸”。张学良双手拉住女儿、女婿的手，老泪纵横，哽咽无语，半晌说不出话来。看着女儿身上取出的于凤至近照，勾起了张学良的满腹愁肠。二十一载没有见面了，凤至大姐陪伴自己辗转于奉化、黄山、萍乡、郴州、沅陵和贵州，幽居生活时的一幕幕往事在脑子里翻腾。1940年于凤至在狱中积郁成疾，不幸患了乳癌，只能赴美就医，由赵一荻接替伴狱。从此两人别离。张学良与女儿、女婿，从谈学明史到读《圣经》，并说：“我如今已成了地地道道的基督徒！”这时，他用一只颤抖的手从内衣袋中掏出了一封信，郑重地交给女儿，说：“现在牧师还不肯为这个虔诚的教徒洗礼啊！这是因为基督教徒在洗礼的时候，不能同时有两个妻子。因此请你们把这封信，交给你妈妈，请她帮我下这个决心吧！”大女儿返美后，一直瞒着母亲，没有勇气把那封不平常的信交给她。两年后的一天，居住在旧金山郊区小镇的于凤至忽然盯住女儿问：“你和鹏飞从台北回来……好像有什么事瞒着我，你爸爸真的没有信给我？”大女儿顿时紧张起来，不得已才把从台北带回的那封信交到母亲手中。于凤至看了丈夫两年前写的亲笔信，顿觉晴天霹雳，泪如雨下，往事历历，百感交集。

但她终于做出仗义舍情的决定："汉卿，只要你高兴，任何事情我都肯做的！""赵一荻是位很难得的女子啊，这些年她代我陪伴你，在牢里吃了千辛万苦，她现在理当得到法律的承认了。"

1964年，张学良在台湾与赵一荻正式结婚，堪称冰霜爱情。赵一荻无论是过去在政治上辅助张学良处理公事，或是数十载陪伴在被幽禁的张学良身边，与世隔绝，历尽艰辛，道德情操为世人钦佩。

1990年3月，于凤至在美国病故，享年91岁。按她遗嘱，在其坟上树立小碑一块，将当年张学良写给她的小诗刻在上面："平生无憾事，唯一爱女人！"

张学良在《杂忆随感漫录》中称："她（于凤至）属'凤命'。'凤命'二字使我父亲眼睛一亮……自言自语道：'凤至'，好吉祥的名字啊！凤命，乃吉人之命。凤至，凤至，直到皇上为止，那个和她结合的人，一定就是皇帝了。"

二、终身赵四

甘为随从秘书

赵一荻（即赵之英文名Edith的译音），又名绮霞，1912年生于香港，乳名香笙，因她刚好诞生在霞光绮丽的早晨，其父特给她取名“绮霞”，还有“赵媞”称谓，童年时代在天津度过。其父赵庆华，字燧山，北洋政府时期连任津浦、沪宁、沪杭甬、广九等铁路局局长，梁士诒做总理时，他曾官至交通部次长。

赵庆华有10个子女，其中6男4女。男女分别排行，女儿之中，绮霞最小，排行第四，家里人有时就称她赵四。大约在1926年前后，绮霞的姐姐赵二和赵三已届成年，开始参加社交活动，出入交际场所。当时有名的交际场所是天津的蔡公馆。该公馆的主人是张学良三弟张学曾的岳丈，曾留学德国，颇有西洋派头。经常到此参加娱乐活动的还有赵四的六哥赵燕生和张学良等。其时赵四才十几岁，起先出于好奇，随姐姐去舞场观看，后来和张学良相识，很快成为朋友。有一年暑期，天津诸家眷属子女多去北戴河海滨避暑，张学良、赵四在那里相会，从此感情日益亲密。

1928年秋天，张学良同赵四相约，秘密去沈阳北陵聚会，赵四求学心切，张学良答应了她的要求，让她就地入大学深造。这就是当年轰动一时的“绮霞失踪”传闻。当时，张学良和夫人于凤至已结婚多年，且生有子女。为了家庭和睦，他向绮霞提出：没有夫人名分，对外国人称她为自己的秘书，对中国人可谓侍从小姐。于是，绮霞便有了秘书、赵四小姐的称谓。那一年，张学良28岁，赵四17岁。

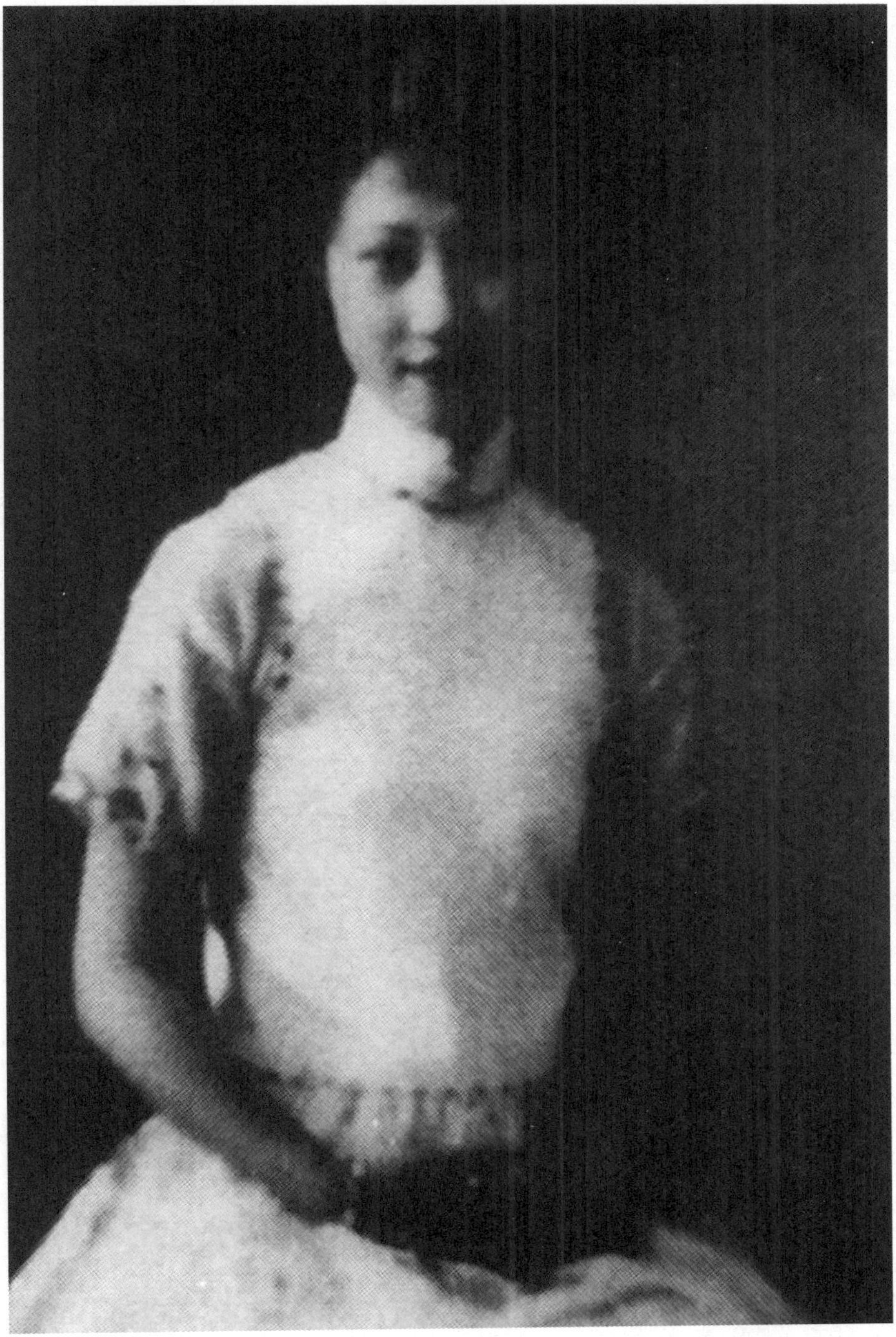

◎ 少女时代的赵一荻，娴雅中透出几分刚毅。

赵庆华得知赵四与张学良去沈阳聚会的消息，震怒异常，即在报端发表声明，与赵四断绝父女关系，并从此不再做官（有专家评论：赵氏如此，一举两得，即可巧妙地在报上向世人宣布并承认张与赵的结合，二可保持他的家道气节）。即便如此，赵四毫不动摇，甘愿侍候张学良，努力学习文化知识，在沈阳度过了一段美好岁月。

一心一意助夫君

1930年，赵四随张学良到北平，住进顺承王府（即现在的全国政协机关所在地），偶尔来探望她的，只有她的生母和哥哥赵燕生等。

赵四识大体、顾大局，以她的贤惠品德维系着整个家庭的融洽和睦。她对于凤至非常尊重和亲热，生活上亦殷勤照顾。张学良外出买回衣物，赵四即送给于凤至。于凤至对赵四的贤良很是赞赏，故深相接纳，如亲姐妹。她们亲密合作，精心照顾张学良，这对张学良专心处理军政要务是很大的支持。在家里，他们三人一起愉快地生活。接待朋友和客人时，张学良总是带上于凤至、赵四。凡是和张学良有交往的人，都称赞他有两位贤内助。

1933年，张学良被迫下野出洋。在张学良失意时，赵四不但给他安慰，并支持他在出国前短期内戒毒。张学良由于凤至和赵四陪同，去英国、意大利、德国、芬兰等国考察军事期间，为了使张学良保持愉快的心情，每当他想要从事某种西方娱乐活动（如打高尔夫球）时，赵四便很快地学会，陪伴他一起娱乐。

◎ 结伴郊游，意气风发。前排左二张学良、左一赵一荻、左三于凤至。

1934年，赵四从意大利回国至上海，后转往汉口张学良住地。于凤至因子女们留在英国，次年才回国住北平，1936年因思念子女又去英国。震惊中外的西安事变前后，赵四一直陪伴张学良。按张学良的个性，不许眷属参与自己的军政大事，决定事情不受妻室影响。但是，在“双十二”事变这个关系中国现代历史转折的非常时期，张学良给赵四以很大信任，一切情况和秘密，赵四是了解的。这期间，她有力地支持了张学良和杨虎城将军的爱国壮举，协助他们做了不少有益的工作，比如一些爱国进步人士、革命同志的来去，便是由她从中联络并加以掩护。这一切，表现了她坚决抗日的爱国情操。

舍离幼子赴“囚笼”

西安事变后，张学良为拥蒋联共抗日，送蒋介石回南京。背信弃义的蒋介石竟将张学良软禁起来。赵一荻在万般忧虑而又无可奈何的情况下，携带儿子去香港居住。1937年初，于凤至从英国回到北平，遂赴奉化溪口照顾张学良，历时3年，由于辗转迁移和特务的折磨，原本身体欠佳的于凤至，健康状况每况愈下，需要外出就医。1940年，张学良向军统特务头子戴笠提出，让赵一荻接替于凤至照顾他的生活。

赵一荻获悉信息后，决心放弃在香港的优越生活，前往贵州修文县阳明洞陪伴张学良。其时，她最心爱的幼子张闾琳刚满10岁，既无能力独立生活，也无亲人在港照管，可她又不能带孩子同去。在痛苦的思索中，她忽然想到张学良在美国的一位忠实朋友——伊雅格，张学良曾将一笔财产委托给他照管。于是，赵一荻把孩子送到美国，交给伊雅格夫妇照看，并叮嘱设法让他念书，但不许他接触外界任何人，也不能向他人谈及他的有关情况，以防有人加害于他，或因环境复杂发生意外。临别时，小闾琳紧紧地抱着妈妈的腿，哭喊着要跟妈妈回去。赵一荻泪满双腮，说不出一句话来……最后，孩子被拉开了，赵一荻呜咽着，步履蹒跚地朝着既定的方向走去——贵州省修文县阳明洞张学良的幽居地，开始熬度与世隔绝的漫长生活。

患难与共数十年

1940年，赵四从香港到贵州修文县阳明洞陪伴张学良。次年5月，张学良患阑尾炎，赵四陪他在贵州中央医院做手术。出院后，他们又被囚禁在贵州黔灵山麒麟洞、开阳刘育乡，1944年冬迁至桐梓，在桐梓天门洞一直软禁到抗日战争胜利。1946年，他们被解到重庆松林坡戴笠生前寓所，不久即被押往台湾新竹县井上温泉。军统局指派特务刘乙光长期

◎ 儿童时代的张闾琳（赵一荻生）

监视张学良和赵一荻，他经常采取一些过分的做法，比如限制他们在规定范围内的行动自由，克扣外间寄给他们的衣物食品，特别是放任自己患病的老婆及无知的孩子，常常吃饭时在桌上胡吵胡闹，致使张学良、赵一荻无法进餐。张学良和赵一荻的凄苦是可想而知的。张学良把一切希望和欢乐都寄托在赵一荻身上，赵则尽自己的全部力量给张学良以安慰和照料。张学良是个精力充沛、兴趣广泛、爱好运动的人。凡是张学良需要做的，赵一荻就陪着做，跟着学，做到样样都会，都能跟着来。张学良在囚禁中不时用英语会话，赵一荻就进一步努力学习英语，随时和张对话；张学良要打网球、排球等，赵一荻就陪他对打；张学良研究明史，写文章，赵一荻就给他购买书籍，查找材料，帮助做一些文字工作；到了张学良厌倦读书，喜欢文物古玩的时候，又是赵一荻去帮他采买、鉴定和收藏。在软禁中，许多生活琐事都是赵一荻自己动手，赵四虽然出身于官宦之家，但并没有贵族子女的骄矜之态，有的是一颗对爱情始终如一的诚挚之心。

真情感动于凤至

张学良在囚禁中，曾多年潜心研究明史、佛教，后来受宋美龄影响成为虔诚的基督教徒。他向牧师请求受洗，但依照基督教的规定，教徒在受洗时不能有两位妻子。他必须在于凤至和赵一荻之间作选择。张学良的最后决定是和赵一荻结婚，并在事先取得于凤至的同意，结束了他们两人的婚姻关系。当时，于凤至和女儿张闾瑛、女婿陶鹏飞博士住在美国旧金山，她对数十年来一直陪伴在张学良身边的赵一荻十分敬佩，深为赵一荻的坚贞爱情所感动，所以，当张学良向于凤至提出离婚要求时，慨然应允。

张学良和赵一荻这时“隐居”在台北市郊北投的一所小楼中。张学良“已恢复自由，但他个人不愿与外界接触”。除了基督教以外，他几乎对任何事情都没有兴趣；每个礼拜天都到教堂做礼拜，每星期五在家中听牧师说教，偶尔也外出看场电影，但已经没有人认识他了。

1964年张学良与赵一荻的婚礼，是在台北一位美籍人士的家中举行的，除了他们夫妇之外，仅有张群等12人参加。婚礼按照宗教仪式进行，虽然简单，但很隆重。当证婚牧师为这对年老夫妇祝福时，他们都露出了自然的笑容……台湾媒体报道中所描绘的张学良和赵一荻的处境与心绪，读来令人心酸。文章的小标题也是动人心魄的：“卅载冷暖岁月，当代冰霜爱情……夜雨秋灯，梨花海棠相伴老，小楼东风，往事不堪回首了。”这一年张学良64岁，赵四53岁。

赵一荻与张学良所生的儿子闾琳已在美国成家立业，生活相当顺遂。他大学毕业后，有一位女大学生慕名而至，主动找他交朋友，她便是陈济棠的侄女陈淑贞。后来他们相知相爱，成为终身伴侣，婚后接连生了两个

◎ 1964 年张学良与赵一荻的结婚照

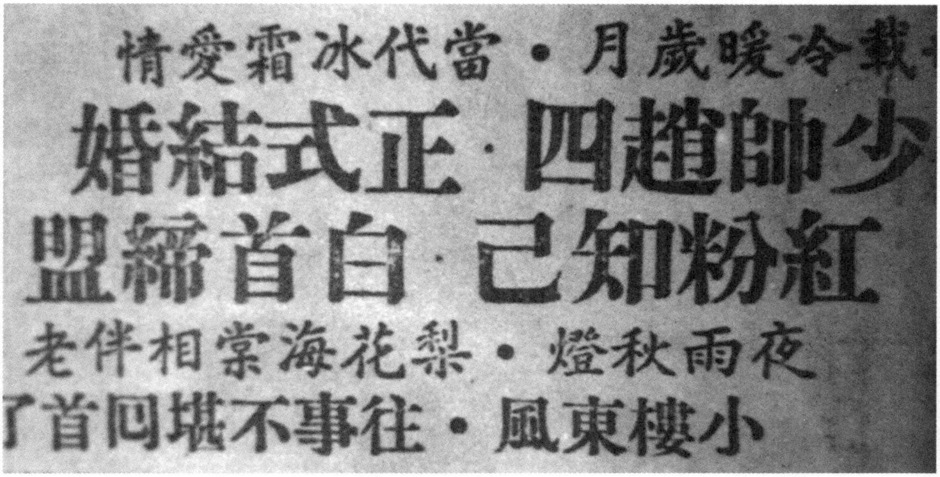

載冷暖歲月・當代冰霜愛情
少帥趙四・正式結婚
紅粉知己・白首締盟
夜雨秋燈・梨花海棠相伴老
小樓東風・往事不堪回首了

◎ 1964 年台湾报纸对张学良与赵一荻结婚的报道

儿子，起名居信、居仰。他们都像父亲一样，十分聪明。尤其是次子，聪慧非凡，成绩优异，每个学期都考第一，上中学时就在电脑方面有一项发明，被美国科技局认可并颁奖鼓励。周围人誉之为“神童”。赵一荻身入囚笼陪伴张学良以后，内心自然时时挂念寄养在外的爱子，就每隔两三年去美国一次，看看闾琳、儿媳和孙子。然而，她深知单独留在台湾的张学良，一定会在她离开时倍感孤独和不便。为不扰乱张学良的心绪，她每次在美国都只停留三天左右。

赵一荻晚年多病，仍对张学良十分照顾。可她先张而去，2000年6月22日病故于夏威夷，享年88岁。至此，她陪伴张学良整整60个春秋。一年后，张学良仙逝。他们一起合葬于夏威夷，又在九泉下相伴了。

张学良在谈到他与赵一荻的恋情时，曾说：“我跟我太太（即赵四）认识，那时她才17岁。当时我生病了，她到奉天（今沈阳）来看我，她跟她爸爸说，她爸爸也没吭声，她就拎个小包，到奉天来看我来了。我那时候有病，她只是来看看我，看完了之后还是要回去的。只是她的哥哥，就

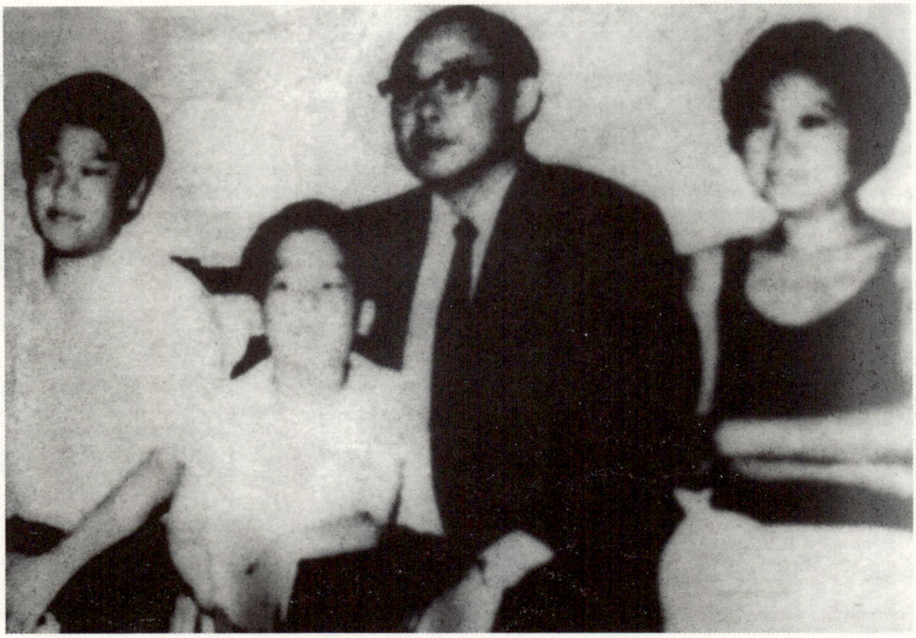

◎ 张闾琳夫妇与儿子居信、居仰在一起。

借这个说她跑到奉天，这样老太爷就不高兴了。她家有祠堂，她回不去了，那该怎么办？回不去了，所以就弄巧成拙，没有办法了。我本来有太太嘛，我就说姻缘这事，是最难说清的。我们之间的事是他哥哥弄巧成拙的。我这个太太，她本来已经要跟一个人订婚了。天下的事情，我说天下姻缘的事情，很难说了。”

张 | 学 | 良 | 身 | 影 | 集

All About Chang Hsueh-Liang

[第四章]

从军露角敢易帜　调停大战忆伤痕

◎ “少帅”风采初现。这是年轻军官张学良的永恒光影。

一、为学医“误”入军途

张学良17岁以前受的是私塾教育，自从听了南开大学校长张伯苓在奉天基督教青年会的演讲后，乃立誓本个人之良心，尽个人之能力，努力救中国。

救国先救人，救人必学医，以洗“东亚病夫之辱”。当年奉天有个南满医科大学，张学良的一个朋友在那里读书，他经常去玩，对南满医大特熟悉，很想到那里读医学，张作霖不同意，也不明说。他希望儿子学军，也不明说。张学良无奈，跟一位美国朋友说了自己的心思，想到美国学医，这位朋友很支持他，对他说：“你到美国后，我给你介绍到一个信教的家庭，你住在那儿，每天给人家擦擦玻璃，扫扫地，人家会免掉你的房租，并会多方支持你。”张学良要出国，需要学好英文，也需学好数学、物理和化学等。他与陈英很熟，此人是德国留学生，担任过奉天测量局局长和测量学校校长。他教张学良学习数学、物理、化学。

为到美国学医，张学良借了70美元买了一张三等舱的船票，打算偷偷跑到美国去，与父亲不辞而别。陈英知道后，对张学良说：“你真是傻乎乎的，太不懂事了，干吗要与你爸爸作对啊。他那么喜欢你，你若偷偷跑了，他会难过的，为什么要这样伤他的心啊！你为啥不顺着他呢？”张学良说：“我要学医，他不让我学，偏要我学军，我不愿干那种玩意儿。”陈英说：“你就对他说，我愿学军，他肯定高兴。你说到美国学军，他会更高兴。你到了美国，愿学啥就学啥，他还管得着你呀！”张学良恍然大悟：“这个办法好！”于是，一次当着五夫人的面，他向其父表示，愿意学军。张作霖一听，既喜悦，又觉得奇怪。他对五夫人说："小六子怎么主动提出学军？算了吧，他这么自由散漫，不服管教，进了军校干几天不干了，给我丢人，我怎么办？"张学良就怕人家说他不行。他对父亲说："如果人家都干不了，那我也干不了，不算什么。如果人家都能干得了，而我干不了，那是我的事，请你放心，我一定干好！"张作霖兴奋地说："那好，由你五妈作保，如果你能坚持到毕业，不出军校我就让你当营长！"张作霖立即将此事电告陆军部长段之贵，于是张学良同另外四位同学（因军校考试已过，尚未放榜），一起到京补考。此次考试极为滑稽，他们五人到京向段部长报到，部长立刻下手谕给军学司长，此五人必须录取，在考试中，不但把试题先给他们看，有的就连原答案都一齐交给他们，他们不过照抄而已。录取之后分发奉天入伍，在入伍期间，奉天为训练在职军官，重新开办东北讲武堂。张作霖兼任堂长，熙洽为教育长。张学良就近入学，成为东北讲武堂的第一期学员，学习炮科。

学习期间，张学良成绩优良，三个月连考三个第一，期末又考第一，引起轰动，大家认为他是张作霖之子，肯定与出题老师有勾结。为此，时任讲武堂教育长的熙洽，有一天突然到张学良的那个教室，让学生们对调座位，彼此分开，当堂出了四道题，（其中一题是张学良没学过的）重新考试。结果只有张学良一个人都答全了。熙洽当场宣布："你们看，你们谁都没有答全，只有张学良答全了。这说明他没有作弊。"

从此，张学良在讲武堂有了名气。师生对他过去考第一的真实性不再怀疑。鉴于此，张作霖兑现了当初的诺言，没毕业，就让张学良当上了少校队长。张学良后来说过："我考得好，并非有特殊本事，而是因为当时学员绝大多数都是行伍出身，大字不识几个，相比之下，我受的教育要比他们多得多。"张学良的记忆力，确实非同一般。在讲武堂时，他对同班陈姓同学说："咱们全体同级生的姓名、字、籍贯，我都知道。"陈说："我不信。"张说："不信，你问问看。"于是，陈一一问张。张全答对

◎ 东北讲武堂时期的张学良

了。要知道记住300多名讲武堂同级生的姓名、字、籍贯，并非易事，但张学良做到了。

张学良在卫队旅当团长时，其部下的赵营长年龄偏大，当年他常抱张学良玩儿。他表面上服从张的命令，背地里也说过张学良小时候的事，但总认为张学良是小孩。张学良对赵营长的所作所为很生气。夏天军训时，张学良站在操场上严肃地说："赵营长，我可要告诉你，你要再说过去那些事，嬉皮笑脸地逗我，我就要罚你，现在我是你的团长，必须真正服从命令听指挥，否则，决不客气！”数十年后张学良对晚辈谈起赵营长时说：“赵营长可是个好人，在战争中牺牲了，直到现在我还很思念他。”

张学良凭着自己的聪明才智，渊博学识，以及军人的优秀品质和战功，加之出身特殊，19岁当团长，20岁任少将旅长，25岁任中将师长，28岁担任东北边防军司令长官，30岁荣升中华民国陆海空副司令，34岁授陆军一级上将，可谓青云直上，声威显赫。难怪世人称之为“少帅”。

1990年，张学良在与记者谈及学军一事时说：“我父亲希望我能在政治或军事方面成为他的继承人。当时，我做梦都没想到当军人。现在说起来是个笑话，我希望学医，成为救人的医生，结果成了杀人的军人。”

© 1920 年任东三省巡阅使署卫队旅旅长时的张学良

二、直奉战争露头角

郭松龄，字茂辰，1883年生于盛京（今沈阳）东部渔樵寨村，祖籍山西汾阳。自幼喜欢读书，手不释卷。日俄战争后，他耳闻目睹日俄帝国主义在东北的野蛮侵略暴行，萌发了“驱敌寇，复国土”的念头，投笔从戎，决心救国。

◎ 郭松龄

1919年2月，郭松龄被张作霖聘为东三省新办陆军讲武堂战术教官。当时恰逢张学良在讲武堂炮科学习。

郭松龄看张学良是一位颇具爱国思想和有进取心的青年，可造就成国家有用之才，常向张学良灌输“练精兵，御外侮”等爱国主张，并劝张学良训练新军，以期借助张学良的地位与实力，实现自己改造奉天之夙愿。张学良有感于郭松龄的至诚态度，并见他工作严肃认真，具有丰富知识，遂有罗为己用之意。

1920年，张学良自讲武堂毕业，接任巡阅使署卫队旅旅长后，推荐郭松龄任参谋长，兼任第二团团长。从此郭松龄专心训练军队，进行军事教育，整顿军队纪律，不到一年，卫队旅面貌大为改观，成为奉军中的劲旅。是年7月，直皖战争爆发，张作霖乘机染指中原，借调停之名率兵入关。郭松龄充任先锋司令，在天津小站以一团之力击溃皖军两旅之众。战后，郭松龄随张学良到佳木斯一带消除匪患，迅速安定了地方。因此，郭松龄在奉军中名声鹊起，不但为张学良器重，而且也取得张作霖的信任，地位日臻巩固。

1921年5月，张作霖升任蒙疆经略使，节制热河、察哈尔、绥远三特区，乘机将奉军扩编为十个混成旅。改任张学良为第三旅旅长，提升郭松龄为第八旅旅长，合称三、八旅，成立联合司令部。因为张学良常在总司令部参与决策，部队行政、训练均由郭松龄负责。

1922年4月29日，第一次直奉战争爆发。当时，奉军总司令是张作霖，副司令孙烈臣、许兰洲，参谋长杨宇霆。东路军总司令张作霖兼任，驻军粮城；第一梯队司令张作相，驻永清；第二梯队司令张学良，驻信安镇；第三梯队司令李景林，驻马厂。西路军总司令张景惠，驻长辛店；第一梯队司令张景惠兼；第二梯队司令邹芬兼，驻西苑；第三梯队司令郑荣廷，驻通州。战争一开始，张学良自以为是讲武堂毕业，门门课程考第一，雄心勃勃，满不在乎，谁的话也不听。他的梯队，除他和郭松龄的三、八旅外，另有蔡平本的第四旅。张学良指挥第二梯队在天津以南的马厂一带与直军作战。他把三、八旅摆在两边，让第四旅在战争打响后，迂回到敌人后面，等敌人一来，将对方包围起来歼灭。张学良把部队从正面展开，而敌人也从正面展开，张学良有些奇怪。第四旅报告，已到目的地。可第八旅与敌人主力（是预先埋伏好了）交锋，被一举击退，局面危急。这时恰逢奉军将领韩麟春到前线看张学良，张见到韩就哭了。韩麟春问张学良该怎么办，并鼓励他要下决心顶住。张学良说，我没有决心反击，但决不后退。还说，即使曹锟把我俘虏了，我也不至于丧命，因为他是我的“三大爷”。（直皖战争时，张作霖曾与曹锟合作过，并以兄弟相称，故张称曹为三大爷。）韩麟春说：“我建议你把两个旅长调回来，开

◎ 在第一次直奉战争中任东路军第二梯队司令时的张学良

个会，商量一下看怎么办？”张学良一时还拿不定主意，只是把第三旅拉开，调一个团正面展开，第八旅交郭松龄指挥，这一团一展开，带第三团到正面，总兵力大约6000人。这--团不过2000人，是张学良任团长的那个团，归他指挥，韩麟春替张学良当梯队长（相当于军长职位），在后面指挥。张学良带两个人在天黑前，跑到前线去告诉那些当兵的，决不后退。战士们在战壕里认出他是团长，说：“团长你跑到这里干什么？”张学良说：“现在战斗正在激烈进行，情况危急，你们团在正面担任护卫，假若你们一退，全线崩溃，我们就完蛋了。所以今天我就睡在你们这儿，要死咱们就死在一起。”战士们齐声说：“不要！不要！不要！！你赶快回去，只要我们活着，决不退却。”张坚持不走。战士们说：“不行！不行！不行！！”并推他赶快走。张说：“好，好，我走。可我渴得厉害，还没有喝口水呢。”有个士兵说：“我们这还有点汤，你喝点快走。”张喝汤时，战士们讲：“团长你放心，你说打到哪儿，我们就打到哪儿，你都舍得命，我们还舍不得命吗？”张说：“对呀！”于是撒腿就跑，战士们送他好远，跑了几百米，张学良才跑回到原来驻扎的那个村庄。他到前线鼓劲儿，把战士的士气鼓起来了，他们拼命与敌厮杀，把敌人打退了。韩麟春高兴地说：“好了，现在没有我的事了。”从此，张学良与韩麟春也成了好朋友。

张作霖知道前方情况不佳，不仅为奉军担忧，也为儿子担心，特给张学良发去电报，要他亲译。电报的大概内容是说东路军已经溃败，第一梯队已退却了；张作相打败了，现在只有你孤军深入，就剩你自己了，那你就自个儿想办法吧。张学良此时决定把郭松龄找来，把军队交给他，然后到前线把军队团结一下，再去把张作相救出来。于是到军粮城去见父帅张作霖，父子之情不同一般，张作霖见张学良就说：“哎呀，你可回来了！”张学良问“什么事啊？”当时张作霖正在审问一个报信不准的士兵。士兵对张作霖说，少帅前线落马，不是受伤，而是从马上掉下来的，腿摔伤了，生死不明。张作霖说：“仗打败了，我不知道你的行踪，是死是活，无从知晓。我特意给中校参谋趴下磕头，请他算上一卦，看你怎么样。”张学良听后十分难过，父子相对，激动万分。张学良说：“爸爸，你怎么这样呢？既然你让我干军人这个行当，就应该豁出去，你不要难过。军队是退下来了，由老郭带着回来了。完整退下来的就只有我这个部队，还未被人看不起，但是其他部队都被人家打垮了。”当奉军退至山海关时，与李景林的部队会合。直军追击时，又与奉军交战，奉军大胜，可是直军也未撤退，处于对峙状态，经谈判议和，第一次直奉战争宣告结束。

三、首战告败欲报仇

在第一次直奉战争中，张学良与郭松龄崭露头角，立下战功，其声望地位在奉军中日渐上升。张作霖为整顿奉军，成立东三省陆军整理处，自兼总监，副监孙烈臣（曾任吉林省长，是“中央”派到东北去的，也是张作霖的一员大将）；另一副监是姜登选（曾给孙中山当过参事）。张学良任陆军整理处参谋长兼任东三省航空处总办、东三省陆军军士教导队队长、东三省陆军讲武堂监督等要职。但他的实际职务仍是第三旅旅长。

为培养、锻炼张学良，张作霖有好多事都让张学良去办。每天天刚亮，张学良要到航空处看看，再到北大营走走，然后去拜见父亲。因是父子关系，当然与别人有所不同。当张作霖还未起床时，张学良就在卧室外面的沙发上坐等，让当差的报告大帅他已来到，问爸爸有没有事，没有事，即回到整理处，办完事即吃中午饭。下午办办事，晚上还要打打麻将，找找女朋友，每天够忙乎了。张学良当时地位特殊，实权甚多，成为东北地区一人之下，万人之上的少帅。

1924年9月15日，奉军先发制人，向朝阳、山海关进军，第二次直奉战争开始。奉军当时只有七万多人，仗该怎么打？大家开军事会议时，面面相觑，怕出征后回不来。当时东北军有五个军团：第一军团长姜登选，副军团长韩麟春，驻喜峰口；第二军团长李景林，副军团长张宗昌，驻朝阳；第三军团长张学良；第四军团长郭松龄。临行前，张学良向于凤至告别，在于处住了一夜，他说：“你不要说话，不要扰乱我的军心。我是来看看你就是了。”其实彼此心里都明白，既然当了军人，就应该准备着牺

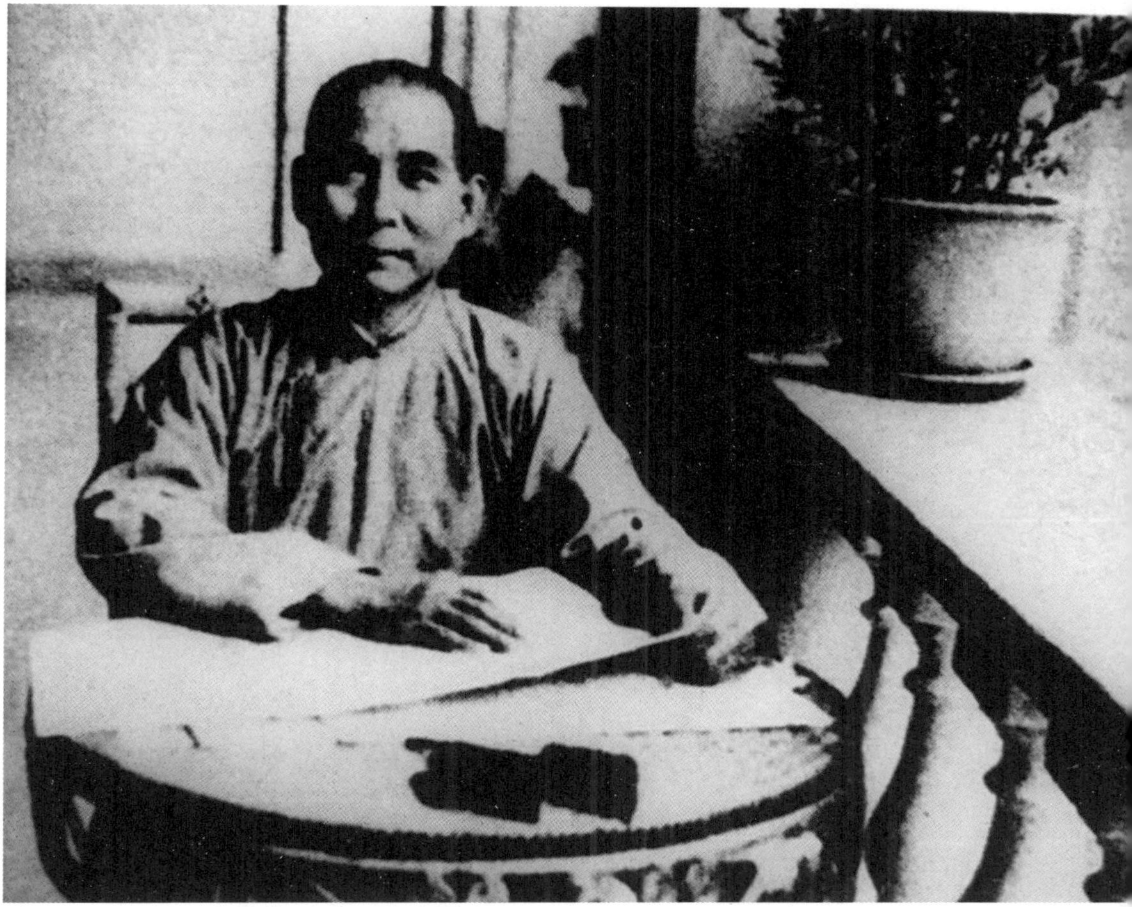

◎ 三角同盟时期的孙中山。在第二次直奉战争爆发之前，为共同反对曹锟贿选总统，奉系首领张作霖、安福系的段祺瑞和孙中山结为同盟，即“三角同盟”。1924年冬，张学良由孔祥熙引领，曾进谒孙中山于天津张园，当时孙中山卧病在床，进谒之时，孙中山嘱张坐于床侧，对张说：中国今后的前途是在你辈们的青年的肩上。尤其是你们东北的青年，责任更重大，贪残的强邻，虎视眈眈，目下的日本，侵略的野心，有朝不捂（按：保）夕之势。你是个有为的青年，责任更重大，愿你勉之。孙中山说话之时，气力微弱，本仍令张学良多坐一时，张则请总理休息，待痊愈之后，当再为瞻奉。同时拜见了孙夫人，随即辞去。殊不知，此一见后，此斯伟人则为永别矣。张学良叹曰：像总理这样的伟大人物，其生也有自来，其去也关气运，非人力所可强者也。总理乾元行健，富有日新，扩充无已。何天不假年，召去过早，适世人丧此导师，此诚人间最大的损失和不幸也。

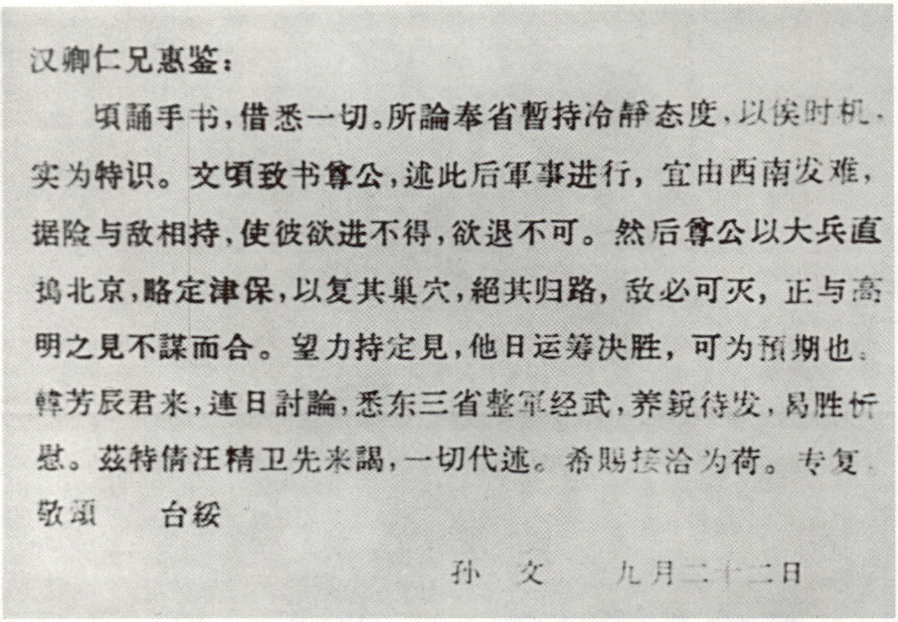

汉卿仁兄惠鉴：

顷誦手书，借悉一切。所論奉省暂持冷静态度，以俟时机，实为特识。文頃致书尊公，述此后軍事进行，宜由西南发难，据险与敌相持，使彼欲进不得，欲退不可。然后尊公以大兵直捣北京，略定津保，以复其巢穴，絕其归路，敌必可灭，正与高明之見不謀而合。望力持定見，他日运筹决胜，可为預期也。韓芳辰君来，連日討論，悉东三省整軍经武，养銳待发，曷胜忻慰。兹特倩汪精卫先来謁，一切代述。希賜接洽为荷。专复

敬頌　台綏

孙　文　九月二十二日

◎ 孙中山给张学良的信

牲。在山海关时，第三军团在一边打，第一军团韩麟春带着部队在九门口，结果未打进城去，韩麟春败下阵来。天亮后才把情况搞清楚，周围全是大山。当他们把城攻陷后，郭松龄与韩麟春闹起矛盾来。奉军中的士官派与陆大派的矛盾再次“爆发”，他们都受张学良的领导，但彼此矛盾根深蒂固。张学良认为郭松龄虽有诸多长处，但是非常小气，缺乏肚量。郭松龄总想让张学良只跟他好，不让张跟别人好。张学良决心乘胜前进，而吴佩孚的部队却只守不出，张学良只好在九门口等着。张学良征得姜登选同意，秘密由山海关抽出八个团，派郭松龄统率加入九门口的部队。郭松龄奉命到达后，要求接替第一线，姜、韩认为郭氏争功，言多讥讽，使郭松龄所率部队充作预备队，郭深感不满，张学良也对郭松龄略有责难。郭松龄大发脾气，即带部队撤离前线，甩手不干了。当时姜登选除将这一

◎ 孙中山赠给张学良的墨宝:“天下为公”。

情况电告张作霖外，并对张学良说：“郭茂宸如此违抗命令，应当军法从事。”这下可苦了张学良，他心想，“这家伙是怎么回事？”就打电话骂他几句，郭松龄却把电话放下了。万般无奈，张学良只好夜间骑马走山路去找郭松龄，跑了几十里路，中途遇到后撤的部队。张学良问：“谁下的命令？”有人答，“是郭旅长。”张学良命令部队立即停止前进，都站着，不准跑。直到天亮，才在一个四合院里找到郭松龄，他正在睡觉。

张学良喊：“起来，起来，起来！”

郭松龄答：“我是你的老师，不能这样。”

张学良说：“可现在我是你的上级（长官）。”

郭松龄说：“我给你丢脸了，人家打胜了，我来帮忙，我不干！”

“你不干？”张学良很严肃地说：“那好，今天我是你的长官，你要真是不干，你身上带着枪，我没有带武器（说着张学良撩起衣服让郭看），你可以开枪把我打死。”

郭松龄说：“我愿死。”

张学良说“那好啊，你既然想死，就到前线去死。你到前线打了胜仗，不是可以收回面子吗？万一出了问题，要杀头咱们一起去，出了什么事，我来承担责任。”

张学良又向郭松龄开导一番。郭松龄说：“你放心，我说到做到。”他把军队整顿一下，就开回去了，敌人一看，也不晓得来了多少人，被吓坏了。郭松龄一发火，有点野性，一下就攻上去了，打了大胜仗，俘虏了两万多人。山海关的铁路已被破坏，别的军队也都退了下来。没有列车，张作相与张学良是坐轧道车进去的。张作相把张学良的眼睛捂住，不让他看到到处都是死尸的场面。但他还是看到了。他看见一个士兵死后还握着枪，心里十分难过，打败仗实在是太惨了，兵败如山倒啊！张学良对战争的残酷性身临其境，别有一番感慨。

1996年，他在夏威夷第一华人基督教堂作“见证”时又说：“在中国不幸的动乱年代，我参加内战不知多少，杀人如麻。”再次表示忏悔。

四、张作霖大骂“小六子”

第二次直奉战争，奉军大胜，缴获了几万支步枪，七八百门机关枪和一些大炮，俘虏了大批官兵。吴佩孚从此一败涂地，彻底垮了。

因为打了胜仗，奉军各级将领均应论功行赏。郭松龄这一派没有得到应有的奖赏。他深感不平，十分难过地对张学良说：“一路仗都是我们打的，我给你当部下，真是倒霉了。”

张学良耐心地劝郭松龄不要计较这些。郭却愤愤不平地说：“你是大帅的儿子，说什么都行，反正我算倒霉了。”张学良认为这都是杨宇霆搞的鬼。于是向张作霖反映，张作霖不听。张学良再提议，其父大骂说：“你小六子想当总督啊！不行！”张学良又建议自己接替杨宇霆任巡阅使，郭松龄当直隶总督，再次遭到张作霖大骂，这样他回天津也不好办。杨宇霆回到奉天又当上了总参议兼督办（因为他去江苏时并未免去此职），张作霖这种功过颠倒，奖罚不明的作法，引起其他将领的强烈不满，尤其是郭松龄，更是激烈。这时张作霖还要打冯玉祥，但没有军队，只有张、郭二人手中还有军队。杨宇霆把打冯玉祥的命令都拟好了，张学良揣着此令到了天津。当时李景林、姜登选、郭松龄等正在开会，张学良没有提打冯玉祥的事，也没敢拿出打冯的命令，因为他感到气氛不对。他对郭松龄说：“茂辰（郭松龄之字）啊！你想一想，杨宇霆不好，咱们不是也有过错误吗？大帅对他宽厚，一旦我们今后犯了错误，和对杨宇霆一样，大帅也会对我们好。”郭松龄说：“张景惠是大帅的人，他打败了为什么不敢回奉天？你还不知道这一事情，主要是杨宇霆在里头搞名堂。”

郭松龄边说边哭。张学良怕激起事端，始终没敢把打冯玉祥的命令拿出来。他立即打长途电话给张作霖反映情况，说杨宇霆管兵工厂账目不清，可借此撤换他，给大家平平气，又遭到父亲的痛骂。张作霖命令张学良快回奉天。李景林对张学良说："兄弟呀，你放心。万一回奉天有什么问题，我们都会站到你这一边的。"张学良本不想回去，可不回又不行。他已预感到，一旦离开此地，会出问题的。张学良回到奉天再次遭到父亲的大骂。郭松龄早有"暗取兵权，潜蓄力量"，借助张学良的特殊地位，以待改造东北的思想，对张作霖武力统一，大打内战，耗尽民脂民膏穷兵黩武的行径，早有不满，反叛张作霖的决心早已有之。

11月20日，郭松龄认为他的活动已被张氏父子识破，召他回沈阳一定不怀好意，遂下"提前叛乱"的决心。郭松龄发动叛乱时，与冯玉祥取得了联系，并打算和国民军联手。1925年11月22日，郭松龄自称东北国民军总司令，通电历数张作霖的罪状，逼其下野，同时把自己的军队改编为东北国民军。把他与张学良带的部队编成五个军，开向奉天。出山海关后，一路进击，势如破竹，迅速占领了锦州、白旗堡、新民等地，直逼奉天。

在奉天的张作霖惊慌失措，召集在奉的诸位将领开会，大发雷霆："常处长（即常荫槐，时任军政执法处处长），我命令你坐专车去把张学良给我抓回来！我自己枪毙他。你要让他跑了，拿你的脑袋来！"常荫槐刚想转身，吴俊升站起来摆摆手说："唔……常处长，你慢走，我有话说。"张作霖怒冲冲地对吴说："你有什么说的？"吴说："唔……过去没有张军长还将就，现在没有他，一天也不行……""你胡说！"张作霖把脚使劲儿一跺，全场震动。吴连忙说："唔……没有张将军谁去招抚郭军散兵？散兵还不算，魏益三部下还有两万人马在山海关，若和冯玉祥一合股，比郭鬼子（郭松龄绰号）力量大几倍，打过来奉天就顶不住。唔……收编郭军，谁也做不到。唔……我不敢去，大帅也不行，非张将军不可！他一招手，那些人就都回来。张学良再往前一挺，天津、北京就落在咱们手里，那时候我才敢保你上北京。

接着，张作相也站起来要发言。张作霖又大喊一声：“你住口！我姓张的用人，向来是一秉大公，赏罚分明，并不是我自己养出的人都是好的。什么他妈的讲武堂、教导队，花了几百万块现大洋，讲他妈的学科、术科，耀武扬威地装他妈的了不起。这帮杂种算狗屁！‘天下好’（即王永清当土匪时的诨号）带一个骑兵团就把这邦兔崽子打得晕头转向。郭鬼子、小六子瞧不起吉、黑两省军队，瞧不起于兰波（即于芷山），我的天下就是这些人打的，我姓张的向来用人一秉大公。李景林、张启坤、许兰洲这些人都是外来的，和我素无瓜葛；还有于孝侯（即于学忠）是吴子玉（佩孚）的外甥，谁不知道我与曹、吴对头多年。可是我对他外甥是重用的。郭鬼子这个鳖羔子到沈阳来，打开行李卷，有两个茶碗，还有一个没把的。小六子说他是人才，能吃苦耐劳，我一次就给他两千块现大洋，给他安家。当时他感激得把他妈给我做老婆都愿意。他自以为有功，在座的谁不比他资格老，汤二哥（即汤玉麟）和我穿一条裤子，出生入死，现在和郭鬼子拉平辈儿。小六子上了贼船，郭鬼子教他学李世民，清君侧，我若不亲自毙了小六子，对不起在座诸位。……常荫槐！你不执行我的命令，我先枪毙你！”

这时，杨宇霆也站起来说：“请大帅息怒！还是吴督军（俊升）说的对，为大局计，张将军不仅不能法办，还得授给他统率全军的大权。扭转大局，非张将军不可。至于郭军叛变我们，大家都有责任，不能归罪他一个人。”接着王永江站起来说：“近来大帅操劳过度，应该为国家保重身体，我建议马上休会。”于是，张作相、吴俊升二位上前一左一右架着张作霖退席。张作霖还是边走边喊：“将张学良免去本兼各职，听候查办！”到此，闹剧才算收场。

此时，张学良则想方设法与郭松龄取得联系，打电报，不见回音。无奈，只好和张作相一道坐火车到前线去，但是铁路被破坏了，电线也被割断了。正巧遇到前面开来的火车，张学良问："什么人？""我们是郭军长派来的。"张学良上前一看，原来是他的工兵营长杜维刚。杜维刚从靴子里掏出命令，是张学良和郭松龄联合下的命令，说张作相叛变了，要回去打张作相。张学良说："你看，坐在我身边的就是张作相。"杜说："这我认得，这到底是怎么回事呀？"张学良说："郭松龄叛变了！""啊！郭松龄叛变了？！"杜维刚感到吃惊。"张学良说："在讲武堂我是他的学生，可我现在却是他的长官。你甭管他，把车挂在我的车后跟我走。你把破坏的铁路、电线照原样给我修好。"因铁路一时难以修好，张学良只有坐船去见郭松龄（当时郭军已占领锦州）。半夜里张学良在船上接到一封电报，一看内容，觉得奇怪。说是请张汉卿先生回奉天就职。张学良十分难过，坐着大哭。几个随从问他为何如此。张学良把电报给他们看，他们都笑了。张学良到旅顺后，心想，完了。爸爸都称我为张汉卿先生，我还怎么有脸见人！人到这一步，活着有什么意思，不如跳海一死拉倒。经周围人劝说、阻拦，他才没跳。

当时杨宇霆还在张作霖身边，他们都怀疑张学良与郭松龄事先已有勾结，是同谋反奉。连与张学良同行的张作相也对张学良有怀疑。

伊雅格给张学良开火车，一直开到巨流河，郭松龄的部队也到了。当时的张作霖，准备一把火烧了大帅府逃之夭夭。张学良闻讯很是难过，也不敢回奉天，只与父亲通了电话。

张作霖："你在哪里？"

张学良："我在巨流河。"

张作霖："听说你跑了。"

张学良："我要是跑了，就不是你儿子。我听说你跑了。"

张作霖："我要跑了，就不是你爸爸。"

张学良："那咋哩，我们跟他（郭松龄）打！"

于是张作霖全力支持张学良，把奉天兵工厂里那些破枪破炮集中起来，全部运到前线，还送去40万块现大洋，这就给前线的人壮了胆了。除倒戈的那600多人外，又收容了从前线跑下来的散兵，加起来约有两三千人，成立了司令部。他们对张学良十分忠诚。张学良还雇了一些日本人帮忙。张学良对大家说："如果你们不想打，打败了，郭松龄把我逮住，也许不会把我怎么样，但是饶不了你们，因为你们背叛了他。再回去是非杀头不可。我把话说清楚，要打就打，要不打就走人，我车上有40万块现大洋分给你们。要是打败了，我就上山当土匪，决不服郭松龄。"大伙说："那好，我们绝对跟你走，你说怎么办就怎么办。"张学良的部队中有个陈长兴，其兄长陈再兴在郭松龄那边，是个旅长。陈长兴大骂其兄："打他妈的，打他王八蛋。"张学良说："当年我是郭的学生，在巨流河演习过，过去是假演，今天可是真打，看看师生之间比试一番谁行。"

结果郭松龄兵败被俘，在押送途中被杀。张学良本想饶他一命，可是当张学良的命令传到时，因杨宇霆先于张学良有所指示，郭松龄在白旗堡被押送者杀害，在奉天陈尸三天。此事对张学良刺激很大，1929年张学良枪杀杨宇霆、常荫槐，也与此有关。

1990年张学良对日本记者谈及此事时说："我很自信，假如谁叛变，我也能控制他。我确信反叛是不会成功的。但是郭松龄真的反了。当时我非常苦恼。我感到对不起东北人民，对不起我的部下。叛变使东北人民蒙受极大的苦难，我的部下有好多人牺牲了。确实我喜欢郭松龄，他以前违背命令时，我想我不应该饶恕他。那时我饶恕了他，结果他发动了叛乱，使许多的人死了。"张学良直截了当地说："杨宇霆可以说是死在郭茂辰手里。""我父亲常骂我说：'你对郭茂辰除了老婆不给他睡外，什么都可以给他'。"张、郭亦师亦友，感情之亲密，可见一斑。

五、息争御侮

张学良遵父命入东三省新办陆军讲武堂学习炮科。毕业后随父南征北战，立下赫赫战功，成为当时能征惯战的年轻将军，人称“少帅”。

1921年秋，张学良由张作相和日本顾问本庄繁（日本政界元老重臣，资深外交家，中国通，时任张作霖顾问）陪同，前往日本参观秋操。尽管

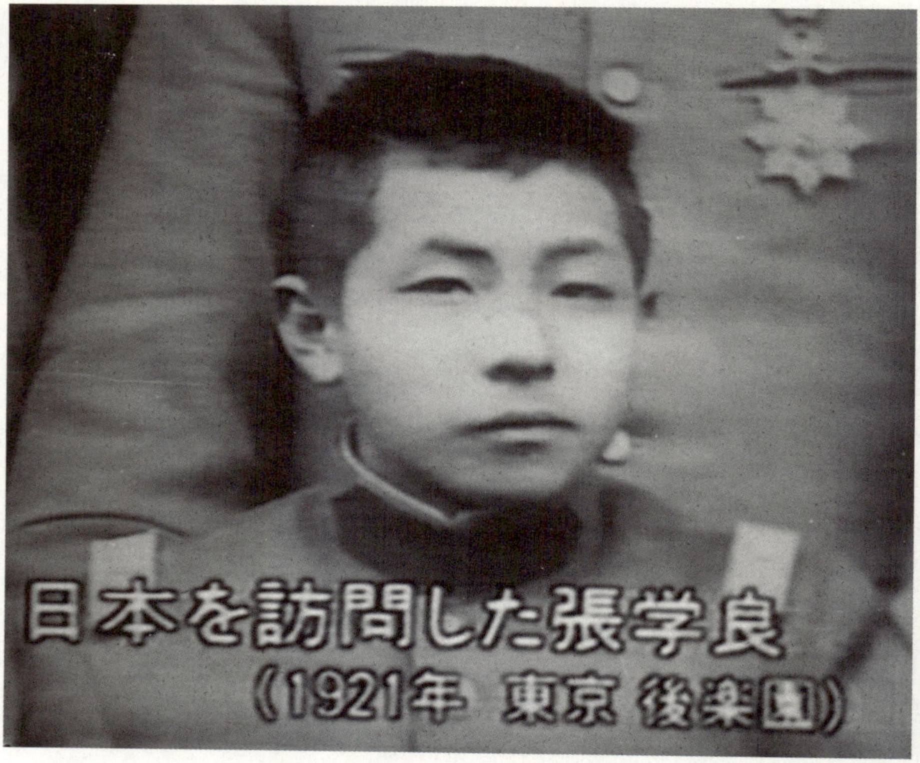

◎ 1921 年秋，张学良由张作相陪同出访日本参观秋操时的留影。

◎ 1927年张作霖（右三）、张学良（右一）父子在北京顺承王府与日本顾问们合影。

受到日本官方的热情接待，但张学良对日本印象不好。日本总想以势压人，向他炫耀武力。张学良不但不怕，反而很反感。当日方问他有何感想时，他说："你们日本能做到的，我们中国也能做到；你们日本做不到的，我们中国也能做到！"

在回国途中，本庄繁问张学良："中国留学生差不多都是留英的亲英，留美的亲美，为什么留日的反而反日呢？"张学良答："就是因为日本人不拿中国当国家看，不拿中国人当人看。"即此，张学良领悟到，日本人的民族优越感，实为中日问题不能和平解决的原因之一。

访日归来，张学良参加了第一次直奉战争，鉴于这次战争的惨败，他建议张作霖整军经武，在奉天成立东三省陆军整理处，并任参谋长兼任东三省航空处总办和东三省陆军讲武堂监督，直接走上整理陆军、创办空军的第一线。奉军（后改名为东北军）的现代化水平大大提高。

张学良建议其父采取上述富国强兵之措，目的只有一个，与强邻日本抗衡。但父命难违，他还是追随张作霖参加了军阀混战。但是张学良在参加军阀混战中仍支持国内的爱国运动，产生了反对军阀混战的思想，成为世人心中最年轻的爱国将领。

1923年，爆发了取消“二十一条”、收回旅大，反对日本帝国主义的爱国运动。张学良立即捐赠一百元给“三二惨案”受伤学生作医药费，并致信称：“欧美各国军警对于学生的示威运动，止（只）有在旁维持秩序，没有听说军警和学生冲突的。军警不尽保卫人民，除暴安良，抵御国家外患的责任，但向手无寸铁的学生们施加威力，这真是最可痛心的事。……青年学生们手无寸铁的奋斗，是我最佩服最同情的。没有这种奋斗的精神，不能保持中华民国在世界上应占的地位。不能使国民保永久的安宁。”等等。以此为起点，张学良对历次爱国运动，不但没有采取过如历届中国反动政府的镇压行动，而且都是采取同情、支持的态度。他曾对自己的秘书黎天才说：“无论任何党派在东北活动，我决不杀害一个青年，因为我们没有把国家搞好，才产生了青年的要求。”

1925年爆发了全国范围内反对日、英帝国主义的五卅运动，时任东北奉军军长的张学良，在与记者谈沪案之意见时说：“爱国之心，余自问与各界无异，但处此时局艰难之际，眼光当放远，步骤当严整。国人向痛诟军阀黩武，学良亦军阀一，且自承认为坏军阀，然私意实酷爱和平。去岁奉直之战，实不得已，至今念及尸横遍野，犹有余痛。”并致电上海爱国学生：“报载上海学生因援助失业工人，为英租界巡捕开枪轰击，死伤多名。展诵之余，曷胜悲悼。痛我莘莘学子，竟被摧残，莽莽神州，天道何在？积弱之国，现象如斯。凡我国人，宜知奋勉。兹本人类爱群之心，仅以薪俸所入，捐助2000元，即日由中国银行汇上。藉慰死伤。”

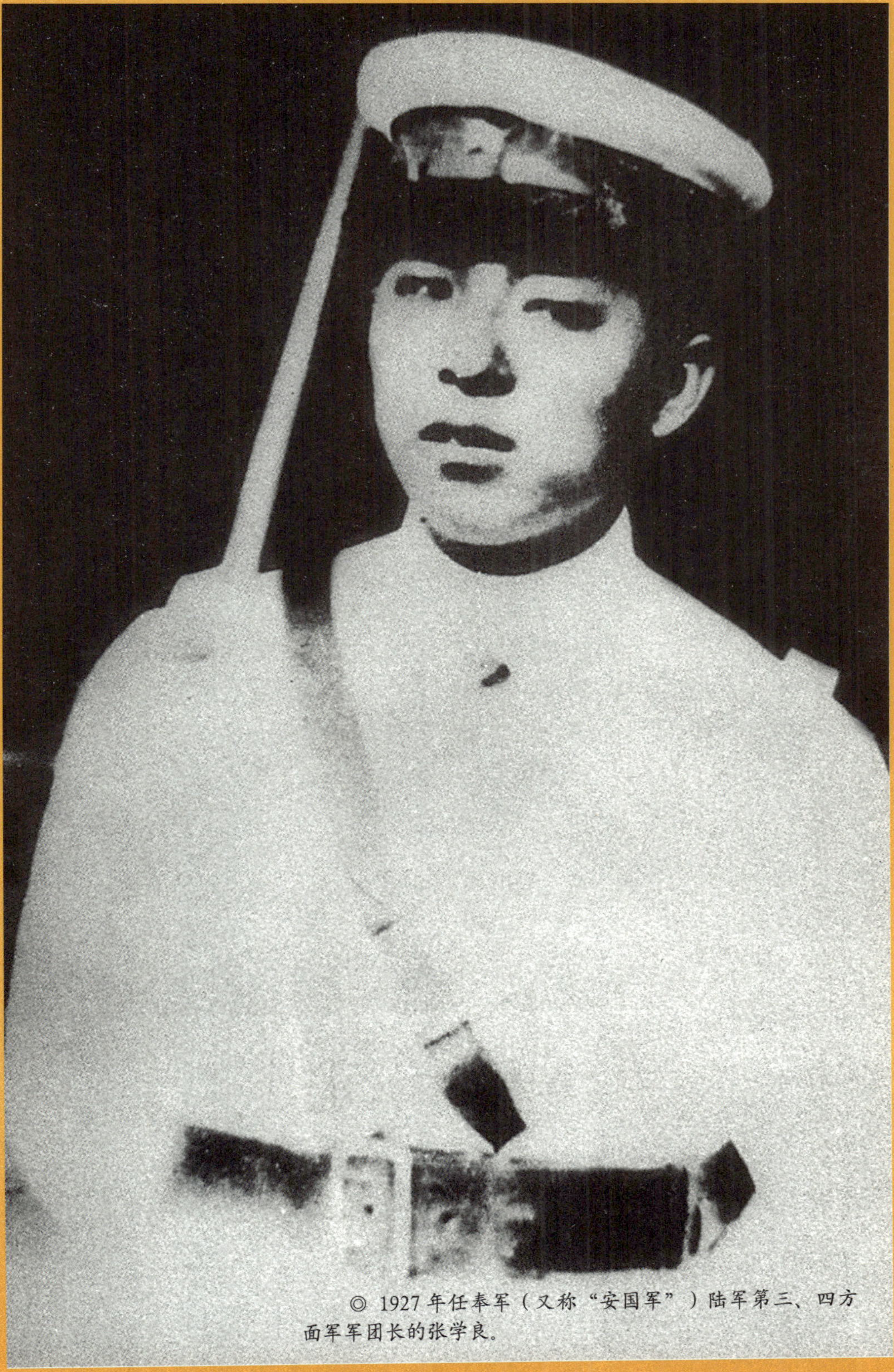

◎ 1927 年任奉军（又称“安国军”）陆军第三、四方面军军团长的张学良。

1927年1月3日，汉口民众集会庆祝国民政府北迁和北伐胜利，游行队伍在江汉关前遭英国水兵刺杀。6日，英国水兵又在九江向码头罢工工人寻衅，杀伤多人。时称“汉浔惨案”。正与北伐军干戈相向的张学良，于1月12日，在北京与英国某要人谈“汉浔惨案”时却说：“中国南北之事，不过因国人对内政见未能一致因起战端。古诗有言：‘兄弟阋于墙，外御其侮’，对外卫国，决不能因对内不一致而发生影响。此次英人以武力对待中国民众，则凡中国人，不分南北，皆有捍卫国家之义务，责无旁贷。”是年春，他在写给留学日本的弟弟张学铭的信中称：“此前虽奉父命出师河南作战，但念是同种，自相残杀，心中又快快焉。如有对外征战，则兄马革裹尸，死无恨也。”

同年3月21日，上海工人在中共领导下，举行第三次武装起义，占领上海。正在郑州督战的张学良与奉军将领韩麟春自河南前线联名发出对时局通电。表示：期在地方共得安局，人民悉循正规，并望追随国内贤豪，统筹全局，共图国事，息争御外，共挽颓流。

同月24日，当北伐军打败直鲁联军，占领南京时，帝国主义竟疯狂炮轰南京，造成军民重大伤亡。张学良得讯后，立即发表谈话，再次呼吁各方息争御侮，决不能因一党一派之利害，危及国家。

张学良在河南作战时，看到沿途乞丐成群，饿殍遍野，心中之痛，难以言状。撤退时，他已作临行之处置，派田维勤维持郑县一带治安，以待国民军之到来。他亲笔写长信，交当时的陇海路督办章祜转交来到的国民军高级将领。信中大意是：“我未破坏黄河铁桥，因系中国最大建筑之一，如果破坏，一时不易修复，不忍伤国家元气，非我撤退仓促不及破坏也。我军在郑县仍储存有给养甚夥（多）非我忘记焚毁，频年战争，豫民流离可惨，何必火以灾黎渴望之食粮，我们同系中国人，假如贵军如不急需，请你们把他（它）散给灾民，这算补一补咱们的罪孽。我有些重伤患官兵，不便移动，请贵官本人道的观念，请求加以医救，不胜感激。恐我们总会见面的一日，到那时再谢吧。”

张深感内战之不幸，对此，他有以下之阐述：

“（一）无目的的互相残杀，忽而为敌，忽而为友。双方所牺牲者，多为英俊有为之士，自相残伤，实深痛苦。

（二）帝国主义，虎视眈眈，挑衅待机，谋夺权利。我曾为南京、济南事件，公开发表言论，希望全国放弃阋墙之争，一致团结对外。

（三）因军事之破坏，殊少建设，大伤国家元气。人民流离失所，老弱转于沟壑，满目疮痍，深思反问，此是何人之过？时而疚心如焚！

（四）死伤官兵，虽有抚恤，皆无完整妥善的处理。尤以失败的军队，伤患官兵时流为街头乞讨，虽系敌人，但皆属同胞，同系中国军人，触目伤情，不能自抑。更进一思维，此种无谓死伤英勇壮士，是何为乎？

（五）物力人力，如能精诚团结，一致对外，使那些英勇军人，为国牺牲，忠魂可慰，而况外患频仍，我们何苦自相削弱，为仇者所快乎？息争御侮、爱国爱民之心，难能可贵啊！”

基于上述种种，张学良下定决心，不再从事内战，不顾一切，继续说服其父，息争御侮，撤兵关外，休养生息，保境安民，致力于团结统一，建设地方，促进民生，发奋图强，为中国的和平统一，抵御外侮创造条件。

六、东北易帜

1928年12月29日，张学良排除来自内外的种种压力，毅然宣布东三省易帜，服从国民政府，首次助蒋介石完成了国家的和平“统一”。被国民政府任命为东北边防军司令长官。

东北易帜，既非张学良穷途末路，亦非他败降而归，而是执政东北后，把“息争御侮”思想变为现实的初步尝试；是形势逼迫，人民推动，蒋介石的督促和张学良的爱国决心共同铸成的顺人心、合潮流的爱国之举。这个决定受到全国人民的欢迎，张学良功不可没。但是促成此举的各种力量，也不可忽视（包括蒋介石与英美的支持）。它的圆满成功，达到了一举三得、人民满意的结果：其一,捍卫了国家领土主权的完整，粉碎了日本帝国主义妄想一举鲸吞我国东北的阴谋；其二，最大限度保存了张学良的实力与地盘，为建设东北、抗衡日本奠定了基础；其三，蒋介石不费一枪一弹，使张氏父子长期统治的东三省归顺南京，实现了“和平统一”，结束了民国以来最黑暗的北洋军阀混战的局面。

张学良在口述历史时称：“不是因为我父亲被日本人杀死才易帜。我主张国家统一和富强，父亲不死我也会这样做。”“我们为什么易帜？实在是效法先进国家的做法。我们今天也就是不想分中央的权，举政权还给中央，以谋中国的真正的统一。”“南北统一，人心所向。”“我张学良没有统一中国的能力，但我诚心服从能统一中国的人。”

东北易帜不久，张学良于1929年1月10日，处决了鼓动张作霖打内战、反对易帜、威胁东北政权稳定的杨宇霆和常荫槐，巩固了政权。是年，张学良受蒋介石唆使，挑起中东路事件，与苏联开战，损兵折将，被迫与对方签署《伯力协定》。停战议和后，他继续集中力量进行东北建设，励精图治，奋发图强，兴教育，办工厂，修铁路，筑海港。继修建沈海、吉海、大（虎山）通（辽）铁路之后，又修筑了洮索、齐昂等铁路，以钳制日本控制的南满路，使南满铁路收益大大下降，引起日本不满；修筑葫芦岛港，作为东北的吞吐港，以削弱日本控制下的大连港的作用。建立东北无线电台，设置50多个分台，形成比较完整的电信网，与各省市和许多外国电台互发消息；在沈阳、哈尔滨建立广播电台，以抵制日本的反动宣传。他还扩建了一些现代化工厂，如沈阳纺织厂、肇新窑业公司、兴奉铁工厂和东北大学工厂等。他支持东北民族工商业的发展，积极引进新技术；扩建兵工厂，新建迫击炮厂，支持迫击炮厂生产汽车，准备筹建奉天飞机制造厂和沈阳汽车装备厂。为缩编军队，倡导军垦，设兴安屯垦区，任命邹作华为垦区督办；安置河北、山东难民五六万人，发展畜牧业。

◎ 张学良的题词——“东北新建设”

◎ 1929 年中国工人正在铺建洮索铁路（上图）

◎ 1930 年张学良（图中“3”）主持葫芦岛港开工典礼、筑港纪念碑揭幕后与各界参加者合影留念。（下图）

◎ 东北兵工厂生产的高射机枪

张学良在各项建设事业中，尤其重视教育事业的发展。

1990年8月，张学良在接受日本记者采访时说：“我不光是想让东三省，而且想让全国都好起来。我父亲给我留下好多财产，我有很多钱，我把这些钱几乎都捐出去了，建立了东北大学等学校。那些费用都是我出的。一点也没使公家的钱。我很高兴这样做。我要国家强起来，要强起来就得培养人才。教育是强国的根本。”

当年张学良主要从两方面狠抓教育：

其一，狠抓军事教育、裁军屯垦，加强国防。早在1922年就成立军需教育班、宪兵教练处、东北学生队、炮兵研究班、高等军学研究班、东北步兵研究班。继而开办军官教育班，军事教导班，并亲自抓海、空军建设。成立东三省航空、航警学校，以提高部队的文化、军政素质。

其二，大力发展大、中、小学教育，为国家培养人才。他捐赠其父遗产1000万大洋中的一部分用于扩建东北大学，增设师范教育、体育教育和农学专业，并亲任东北大学校长。高薪聘请国内学术界名流到东大任教，如章士钊、梁漱溟、梁思成、张伯苓等。教授月薪是400元，少数人高达

◎ 梁思成（1901—1972），1929年应张学良之邀创办了东北大学建筑系，任系主任和教授，九一八事变后离开。

◎ 章士钊（1881—1973），1930年受张学良之聘，任东北大学文学院教授，次年任院长，九一八事变后离开。

◎ 东北大学著名教授梁漱溟

◎ 1928 年任东北大学校长时的张学良

◎ 1919年阎宝航创建奉天贫儿学校。张学良赞助5万银洋，在大南门外修建校舍。

800元或800两白银。同泽中学教员月薪是80至120元；主任、校长是180元至200元，是一般公务人员收入的三四倍。他还捐赠500万元私产成立“汉卿教育基金会”用以发展中、小学教育。创办了36所新民小学，创办同泽中学、同泽女子中学、海城同泽中学等。派东大优秀生出国留学。

张学良执政东北后，以辽宁教育为例，1929年各地公私学校共计10404所，比上年增加了400所。在校学生64万，比上年增加了2万多。同年吉林省兴办吉林大学。

再以教育经费为例，1928年教育经费为528万元，1929年猛增至1635万元。东北大学经费1926年为51.7万元，1929年增至133万多元。这与当时蒋管区教育经费连维持原有规模都不易，因欠薪而造成风起云涌的罢教风

◎ 张学良兴建的海城同泽中学主楼现貌

潮，是一鲜明对照。

张学良在教育思想方面，除学习文化知识外，特别注重实践，注重爱国主义教育。他要求学生要“明耻自强，振兴民族。”他为海城同泽中学制定的校训是“爱国、尊师、励学、崇实”。张学良思想比较开放，承认世界列强科学进步，国富民强，其根本原因是革新教育，培养人才。为此，他下定决心进一步发展教育，“要振中华，必赖乎人才，赖乎教育”。

张学良说：“国家大事，当从事于教育一途。”他深知培养人才须从基础教育抓起，因此对中学教育极为重视。1929年辽宁普通中学达到122所，学生22153人，其中有初级中学99所、高级中学5所，完全中学18所，较之1926年增加了48所，加上职业及其他中学，全省的中等学校总数共有198所。张学良认为“中国近百年来之所以落后，其根本原因，即在教育落后。”要独立富强，其“唯一希望在青年，青年之根本在教育。”

1933年，张学良下野出国前致书东北军将领与东北名流，勉励他们要亲如手足，患难与共，准备收复东北为最大责任。“嘱咐武要保存东北军实力，文要发展东北大学。”念念不忘复土还乡和洗雪不抵抗将军的“罪名”。

1936年8月，张学良为东北大学西安新校舍奠基题词：

“沈阳设校，经始维艰。自‘九一八’，惨遭摧残。流离燕市，转徙长安。勖尔多士，复我河山。”

◎ 1936年8月张学良为东北大学西安新校址奠基题词

同年9月30日，张学良在东北大学西安分校秋季开学典礼上发表讲话，要求师生们读书不忘救国，救国不忘读书之含义，养成大无畏之奋斗精神，作西北青年之表率。

1991年3月29日，张学良表示要为大陆成立的“阎宝航教育基金会”捐款10万台币。

是年，张学良又给青田阜山中学65周年纪念题写“培育英才”四字。阜山中学是张学良的德文老师、东三省军事测量局局长陈英（字惠生）于1926年出资在浙江省青田县创办的。

1992年11月30日，张学良出任恢复后的东北大学名誉校长，并题写“东北大学”校名。

1993年4月13日，为东北大学70周年校庆题写：“东北大学七十周年纪念。”为东北大学复校典礼题写：“教育英才”四字。

1996年2月，张学良为表示对祖国教育事业作出过贡献的著名的爱国教育家张伯苓先生的敬意和怀念，在其120周年诞辰时题写“桃李满天下”祝词。

当年张学良展开的东北建设，创造了全国 10多个第一：

东北军武器装备的现代化水平在全国军队中首屈一指；

肇新窑业公司为中国第一家机器陶瓷制造工业；

辽宁迫击炮厂制造了中国第一台（民生牌）载重汽车；

◎ 东北海军最大的军舰海圻号

◎ 沈阳迫击炮厂（后改为民生工厂）生产的我国第一台载重汽车

东北农业公司和东北军兴安屯垦区，开中国军民使用农业机械（拖拉机等）之先河；

东北自建自营铁路里程居全国之冠；

张学良驾驶飞机从沈阳到营口送邮件，开中国民航事业之始；

东北无线电总台首开中国与欧美各国国际通讯网络；

张学良兴办东北现代教育的私人捐款数量居全国第一；

张学良支持刘长春参加第十届奥运会，这是中国体育代表队首次参加奥运会；

奉天体育场是中国第一座现代化体育场；

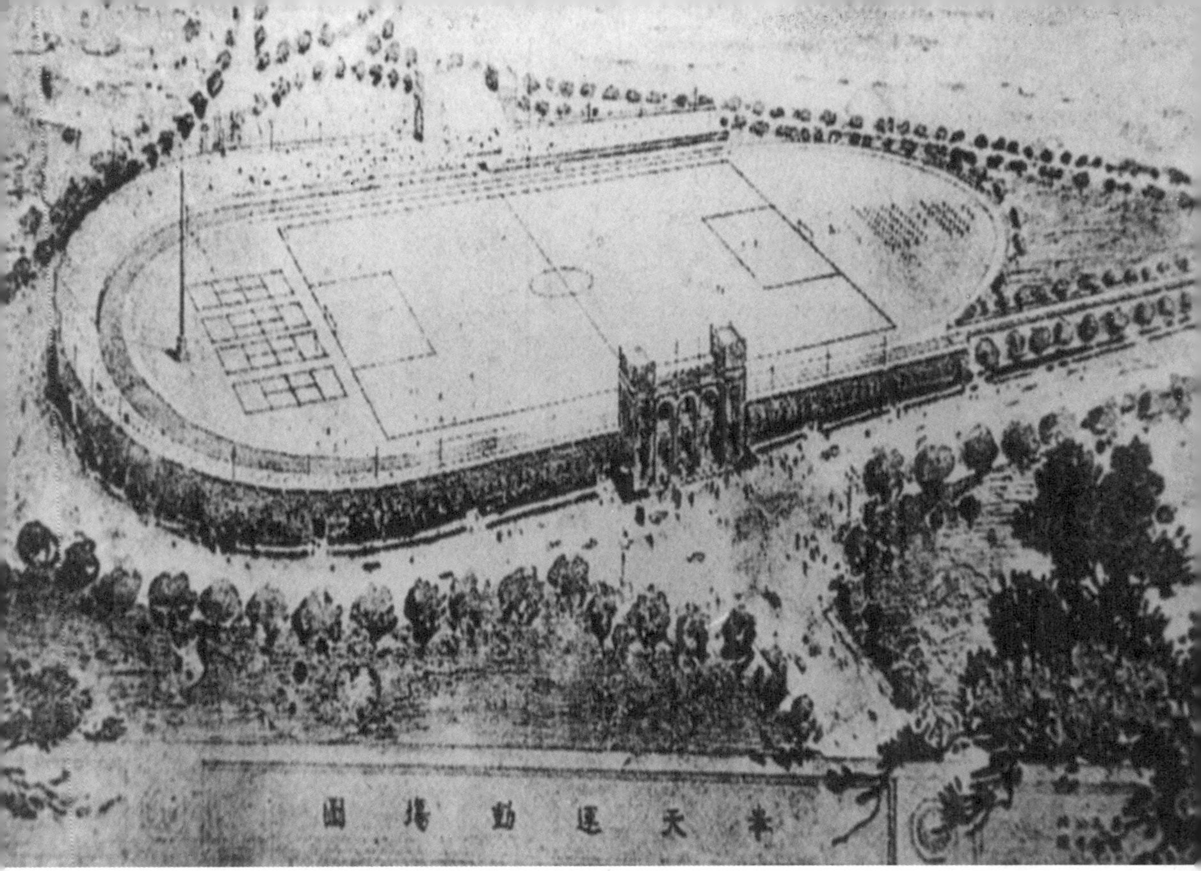

◎ 此为奉天“汉卿体育运动场”设计蓝图

聘请外籍教练指导东北大学选手训练，并资助新闻记者随团出访，在我国是第一次；

在辽宁洮安举办了中国第一届赛马会；

资助东北大学球队出访日本，破中国体育“外交”先例。

七、奥运情结

2001年7月13日晚，也就是张学良先生逝世前3个月，中国申办2008年奥运会成功，圆了几代华夏儿女的梦。可是，有多少国人知道，在中国漫长的奥运征程中，曾有张学良先生的精彩一笔呢！

历史回到73年前。1932年7月30日至8月14日，第十届奥运会在美国洛杉矶市举行。37个国家和地区派出了较为庞大的体育代表队，唯有中国代表队只派刘长春1名运动员参赛。而他却是在张学良个人捐助8000元路费的前提下才成行的。

张学良执政东北，展开东北新建设时，对体育教育事业尤为重视。他下令投资25万元修建能容3万人的现代化体育场（今沈阳体育学院田径场）。1929年5月，他在这里主持召开了第十届华北运动会。与此同时，张学良还下令设立了东北大学教育学院体育专科，招收大批学生和体育教授，如吴蕴瑞（曾留学德国，新中国成立后任上海体育学院院长）、宋君复（曾留学美国，新中国成立后任北京体育学院副院长）、申国权等。还培养了刘长春等一些国内外著名运动员。体育专科设立后不久，东北大学就派出足球、篮球两个代表队，前往日本东京、大阪、京都等地进行友好比赛。

刘长春（1909—1983），辽宁大连市小平岛河口村人，出生于贫苦农民之家，9岁时到西沙河口大庙小学读书。其时，他经常参加校内外各项体育活动。他的足球、篮球、乒乓球等都不错，是个多面手，但是他最擅长的体育比赛项目是中短跑，每次比赛刘长春都是冠军，很多同学给他起了个“兔子腿”的绰号。1925年刘长春考入旅顺第二中学，一年后因家境贫寒被迫辍学，到一家玻璃厂当学徒工。在此期间，他坚持锻炼，把百米成绩提高到11秒。

◎ 我国20世纪30年代著名的长跑健将刘长春

1927年末，刘长春经人推荐开始进入东北大学预科班学习，后来他又考入东北大学教育学院体育科。1929年5月，刘长春参加在沈阳举行的第十届华北运动会，获中短跑冠军，创造了百米10秒8的全国纪录。同年10月，张学良在沈阳又亲自主办了中、日、德三国国际运动会。刘长春仅以1秒之差落于德国选手彦鲁特拉比尔之后，而战胜了另一德国健将。在200米决赛中德国选手雄芝比曼以21秒6的成绩获第一名，刘长春以半步之差屈居第二，日本著名运动员阿武、岗建次、吉冈隆德等被刘长春甩在身后。

1930年，中国第四届运动会在杭州梅东高桥举行。辽宁队夺得全国总分第一名。刘长春摘取100米、200米、400米的桂冠，从此刘长春的名字响彻中国体坛。九一八事变后，刘长春回到家乡，在他回家的第二天就被日本特务定为“要视察”人物，受到监视盘查。他不愿当亡国奴，于是带着路费乘船逃往天津转赴北平上学（当时东北大学已迁至北平）。

1932年，国际奥林匹克委员会在美国洛杉矶举办第十届奥运会。当时“满洲国”的一些官员，为了表示出“满洲国”是所谓的日满亲善合法政权，决定选派代表参加这次奥运会，并在各报刊登出刘长春等人要回大连，代表“满洲国”参加奥运会的报道。刘长春得知后极为气愤，他说，我是中国人，决不代表“满洲国”参加奥运会。当时蒋介石领导下的南京国民政府既不出兵收复东北，也不抵制日伪阴谋，反而宣布因经费不足，不选派体育代表队参加奥运会。面对这种情况，刘长春等人联系张学良，要求代表中国参加奥运会。张学良表示坚决支持刘长春、于希渭为运动员，宋君复为教练员，前往洛杉矶代表中国参加奥运会，并决定捐助8000元作路费。

是年7月1日，张学良还将这一决定在东北大学体育系毕业典礼上公开，鼓舞了全国体育及其他各界爱国人士的志气。事后全国体协董事王正廷即派傅宝瑞秘密回大连找于希渭，约他赴上海与刘长春和其他人同赴洛杉矶参加奥运会。由于受日伪特务监视，无法脱身，只好称病在家，未能与刘长春同行。在这种情况下，刘长春斗志不减，决定与教练宋君复同赴洛杉矶。7月2日，刘长春与宋君复从北平抵沪，当时全国各界的报刊争先刊登了这条消息。7月8日上午，刘长春、宋君复在上海几千名群众的欢送下，由上海码头乘船前往美国。经过20多天的海上颠簸，二人于7月29日下午抵达洛杉矶。刘长春于7月31日和8月2日分别参加100米预赛与200米预赛，由于他缺少一个多月的训练，只获小组第5名和第4名。之后刘长春又先后参加了在南京举办的第五届全运会（1933年）、在马尼拉举行的远东运动会（1934年）、在德国柏林举行的第十一届奥运会（1936年）等很多体育赛事。在全面抗战时期，他过着饥寒交迫的流浪生活，一直到东北解放后，他才获得新生，被先后安排在东北师范大学及大连工学院工作，担任过第五届全国政协委员，中国奥林匹克委员会副主席等职。中国30年代的体坛名将刘长春，能代表中国参加第十届奥运会为国争光，这一光辉业绩应归功于爱国将领张学良的大力支持。

◎ 1932年，张学良为粉碎伪满洲国的阴谋，资助刘长春（左）与宋君复教练（右）代表我国首次出席在美国洛杉矶举行的第十届奥运会。（右图）

八、入关息战

爆发于1930年的中原大战，是蒋介石为实现其独裁专制而引发的新军阀争权夺利的战争。双方投入兵力多达百万，延续半年之久，死亡30多万人，惨烈空前，给国家财力、物力、人民生命财产造成的损失难以计数。当时实力雄厚、兵强马壮、据守关外的张学良的倾向，具有举足轻重的作用。作战双方都想尽一切办法，拉拢张学良站在自己一方，以求获胜。张学良对此先是保持中立，静观待变。是年3月1日，他发出“劝告蒋介石、

◎ 1928年2月28日，蒋介石（中）、冯玉祥（左）、阎锡山（右）在河南开封会面，结拜兄弟，1930年就兵戎相见，混战中原。

◎ 1930年蒋介石派吴铁城、张群、胡若愚到沈阳游说张学良率军入关助蒋。前右一为胡若愚，右三为张群，右四为吴铁城。

阎锡山和平息争通电”，内称：“所冀举国同胞，洞察危局，注视线于国外，立泯内争，本诚意以相维，共图匡济。尤望介（蒋介石）、百（阎锡山，字百川）二公，融袍泽之意见，凛兵战之凶危，一本党国付与之权能，实施领袖群伦之工作。”经过较长时间的观望、考虑和分析，张学良终于在北方反对派政府宣告成立的第二天（即1930年9月10日），在东北召集高层军政人员秘密开会，宣布其意图：“东北地处边陲，日本窥伺已久，如欲抵御外侮，必须保持国内统一。”认为北方军事同盟，只是一个松散的暂时结合，南京国民政府则是英美支持、国际承认的合法政府，即便阎、冯集团战胜南京方面，其内部纷争亦在所难免。蒋介石虽不完全可靠，但毕竟不同于北方的乌合之众。故为整个大局着想，必须早日息争议和，从速实现国家统一。

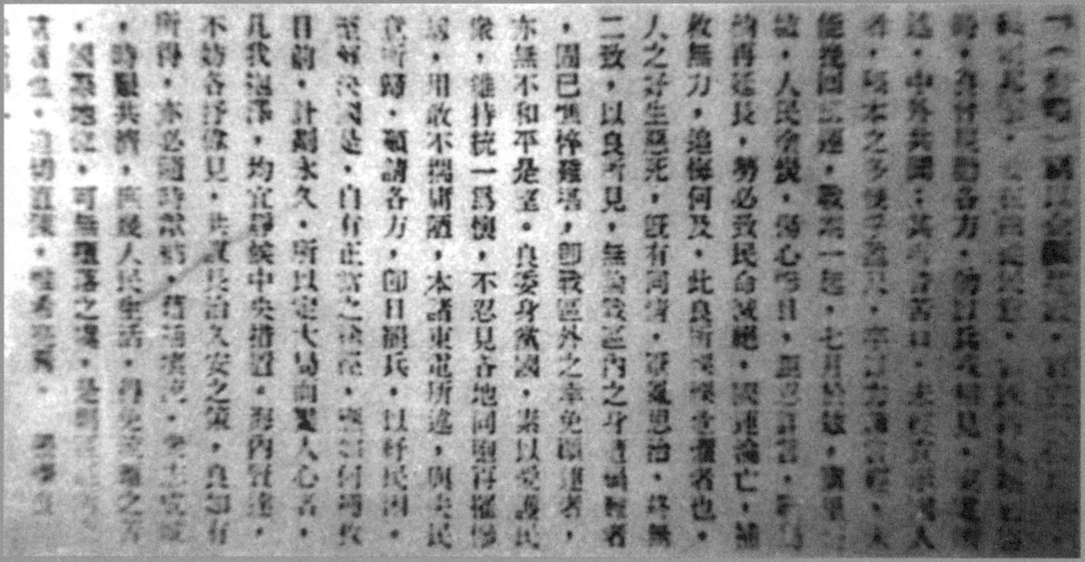

[illegible]
[illegible]
[illegible]各方，[illegible]
[illegible]
者，[illegible]
能挽國運，戰禍一起，七月以來，[illegible]
境，人民傷亡，傷心慘目，[illegible]
得再延長，勢必致民命滅絕，國運淪亡，補
救無力，追悔何及，此良所[illegible]者也，
人之好生惡死，既有同情，[illegible]，終無
二致，以良考見，無論戰區內之身[illegible]者
，固已慘怍難堪，即我區外之幸免災難者，
亦無不和平是望，良受身被圍，甚以愛護民
衆，維持統一爲懷，不忍見各地同胞再罹慘
禍，用敢不揣冒昧，本諸東電所述，與[illegible]民
意所歸，籲請各方，即日罷兵，以紓民困，
至解決問題，自有正當之途徑，[illegible]
目前，計劃永久，所以定大局而繫人心者，
凡我袍澤，均宜靜候中央措置，[illegible]，
不妨各抒偉見，共謀長治久安之策，良卻有
所得，亦必隨時[illegible]，[illegible]
，時艱共濟，庶幾人民生活，得免災難之苦
，[illegible]，可無墮落之虞，是則[illegible]
[illegible]，迫切直陳，[illegible]。[illegible]

1930年9月18日，张学良发出和平通电，率军入关。阎、冯集团土崩瓦解。这是张学良继东北易帜之后，又一次助蒋统一，巩固了蒋家政权。因此他于是年10月9日就任全国陆海空军副司令，威镇北方八省二市，地位、声望直线上升，成为当时中国政治舞台上的新星。这一年，他仅30岁。

张学良助蒋有功，蒋待张不薄。蒋曾致函予张："得友如兄，死无憾矣！"是年11月12日，张学良应邀赴南京列席国民党三届四中全会，一路上受到出乎意料的欢迎，抵京后又受到隆重的礼遇和接待。蒋介石以平等身份而不是以对待下属的方式热情地欢迎他。次年，南京召集国民会议，张学良亦亲往捧场，表示拥护统一，"南京欢迎之盛亦如之。"从此，蒋、张结盟，亲如兄弟。

张学良此次武装调停中原大战，是他贯彻"息争御侮"主张的继续。为了抗拒日本对东北的压力，无论就个人，就国家来说，他都需要一个统一的政府作后盾。此举虽不能完全排除军阀所固有的个人野心，但他与一般旧军阀不同。他珍惜和维护国家统一，反对任何人企图建立独立的北方政府，不赞成两个政府分庭抗礼或是军阀分裂割据。从结束半年之久的军阀混战局面，减轻人民所受战争之苦来说，张学良率兵入关，助蒋统一，具有进步意义。但更加严重的后果则是：蒋介石可以集中兵力，对中央苏区的红军进行旷日持久的"围剿"；造成东北国防空虚，给侵略成性的日军发动九一八事变，提供了一定方便。这是张学良事前没想到的。

张学良在谈到武装调停中原大战时曾说："我自1926年即主张停止国内战争，早日促成统一。""我就说阎百川、冯玉祥他们不智，他们就不想想，那时我东北那么些军队在你身边待着，我要一动，你可怎么办？"

◎ 1930年9月18日张学良发出巧电（即和平通电），决定率军入关。（左上图）

◎ 东北军入关的运兵车（左下图）

◎ 1930年10月9日，张学良在沈阳宣誓就任中华民国陆海空军副司令后，与吴铁城、张群合影留念。前排右一为张群，右二为张学良，右三为吴铁城。（上图）

◎ 德国一家报纸对中国和平统一之报道（下图）

◎ 戎马生涯步青云，少帅英姿万古扬。1930年任全国陆海空军副司令时的张学良。

◎ 年而立，着洋装，春风得意。1930 年的张学良。

九、伤痕苦忆

1931年9月18日九一八事变时，张学良大病初愈，因判断失误，痛失东北。继而热河失守，他又难辞其咎。举国上下的责骂、贬官、辞职、出洋考察等接二连三地袭来。这一“历史伤痕”，终成他的“痛苦回忆”。当年拥护统一的功臣，威信一落千丈，背着“不抵抗将军”的罪名，跌入政治低谷。

◎ 1931年9月18日夜10时，日本守备队炸毁南满铁路柳条湖段。

◎ 日本关东军制造的假现场，诬蔑是东北军所为。

◎ 1931 年 9 月 19 日，日本军队从沈阳小西门发起进攻。

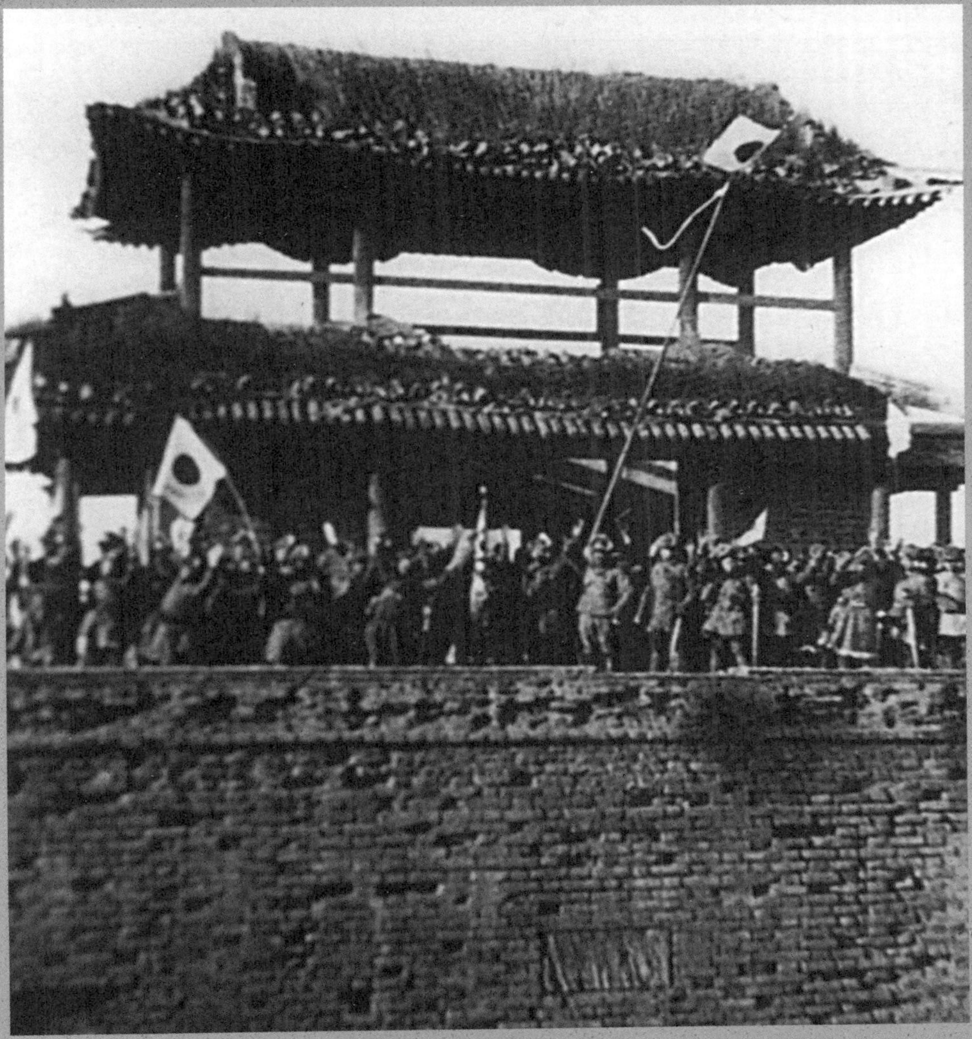

◎ 1932 年 1 月，日军攻入锦州后在城头上欢呼。

但是，张学良在执行蒋介石不抵抗命令的同时，仍在东北人民的要求下，先后在锦县、通化、宾县、依兰、梨树镇、龙江、海伦、黑河等地改组和重建了辽宁、吉林、黑龙江三省抗日政权，并调整了东北军抗日部队的新建制。支持抗日义勇军，特派“救国会”常委车向忱、联络员黄宇宙等人携带他的亲笔信潜入东北慰问抗日武装，并与中国共产党领导的、由杨靖宇指挥的南满游击队取得联系，这对当时东北人民的抗日斗争起了鼓舞和促进作用。

1933年，张学良组织指挥的热河抗战，因得不到蒋介石的实际支持，最终失败，舆论大哗。蒋介石为缓和舆论压力，准张学良辞职，代己受过，

◎ 1931年9月21日，东北爱国人士在北平组织“东北民众抗日救国会”，张学良资助30万元。前排左起：卢广绩、王卓然、孙恩元。后排左起：阎宝航、杜重远、王化一。

◎ 1933 年 1 月 3 日山海关失守后，城墙上留下的累累弹痕。

出洋考察。1933年4月至1934年1月，张学良考察了意大利、英国、法国、德国、芬兰、瑞典等国的政治、经济、文化、军事等，深感我国国民现代国家意识之淡薄，欧洲各国备战之积极，预感世界大战之不可避免；认为美、苏、英自顾不暇，无力助我，需要在希特勒、墨索里尼发动战争之前抗日。

◎ 1933 年 3 月 9 日，日本向长城各口侵犯。

◎ 长城各口日军受到中国军队的顽强抵抗

张学良出国之日，正是国内形势江河日下之时。蒋介石继续对外妥协，对内全力“剿共”，并冒天下之大不韪，于1933年5月和日本签订丧权辱国的《塘沽协定》，将察北、冀东大片国土拱手送给日本控制，使华北门户洞开，给日本进而侵占冀、察、平、津提供方便，民族危机日益严重，各界民众均有亡国之感。这恰为张学良所言中。

张学良下野时，曾当着端纳顾问的面对秘书王卓然说：“中日问题，蒋先生以和为主，还不知演变到什么地步，人家骂我不抵抗，我也不辩，但是下野后，天知道我这个不抵抗的罪名要背到哪天呢？”他借用美国总统林肯的话说：“你可以欺骗全体人民于一时，或欺骗部分人民于永久，但不能欺骗全体人民于永久。”表达对下野心中不服而又无可奈何的心情，但他深信究竟谁是真正的不抵抗者，真相终会大白于天下。

张学良旅欧归来，正是蒋介石“剿共”最力之时，也是民族危机严重、人民呼吁停止内战、共同抗日的浪潮越来越高之时。张学良幻想尽快助蒋实现武力统一，然后抗日。这恰恰中了蒋介石既消灭红军又削弱东北军的一箭双雕之计。张学良在此“内忧外患”的局势下，思想活跃而又充满矛盾：一方面鼓吹法西斯主义，拥蒋武力“剿共”，以为这是富国强兵、抵御外侮的灵丹妙药，但又不主张完全照搬德意专制独裁的一套，对法西斯专制制度做了新的解释：拥护领袖“绝不是拜菩萨，不是崇拜偶像，更不是谁做谁的走狗，而是拥护我们的领袖领导我们去复兴民族！”“本着真理正义可以向领袖诤谏，甚至如古之人为人臣者之以尸谏，亦所不辞。”一方面仇恨共产党“破坏秩序，影响抗日”，必先安内而后攘外。同时又觉得民间疾苦不加解除，共产党的问题不能根本解决。一方面积极参与“剿共”战争，但又觉得不铲除“滋生共党”的乱源——帝国主义与土豪劣绅，“剿共”势难进行下去。于是提出：“今日之中国亦需要一领袖，以统一国家，复兴民族。”“最适当领袖，非蒋中正先生莫属。”“实在的，共也好，不共也好，红也好，白也好，最要紧的是先把国家弄好，使民族地位提高，使自己的国家能在世界上与各国共存。”“凡尚有些微血性，知爱国家，并能见及国难严重之中国人，均应各除私心，决心爱国。凡属中国人，无论其为共产党、国民党、第三党（即农工民主党），或其他任何党派，果系自命为救国者，均应在拯救中国唯一动机中摈弃一切歧见，联合一致，共救危亡。此乃救国之唯一途径，若仍萎靡不振，由命听天，内战频仍，政争不息，则中国前途必无希

◎ 1933 年 5 月 31 日，军事委员会北平分会代表熊斌与日本关东军代表冈村宁次签订《塘沽协定》，把大片国土送给日本控制，为日本进一步侵占华北敞开了大门。（左上图）

◎ 1933 年 12 月东北民众南下请愿团整装待发，前排左二为冯庸，左三为王化一。（左下图）

◎ 1934 年在武昌时期的张学良

望矣！”可见张学良在豫鄂皖“剿共”时，就孕育了拥蒋联共抗日的思想，难能可贵。他的这一讲话，立即引起日本人的高度重视，并早于天津《大公报》8天，将张学良的讲话，译成日文发表，因为任何呼吁统一、一致抗日的主张，都将对日本扩大侵华战争造成障碍。尤其素有国难家仇的张学良的言行，始终为日本所特殊关注。身为国家军政大员，并兼任豫鄂皖“剿共”副总司令的张学良，正值蒋介石对苏区进行第五次“围剿”节节胜利之时，发表上述言论，可见其远见和胆识。当时的中国，主张抗日的大有人在，但未有敢明确提出联共者；有主张既抗日又“剿共”者，还有主张抗日而另起炉灶者。

在华北事变前后，民族危机迫在眉睫，1935年，中共发表《八一宣言》，提出在停止进攻革命根据地、保证人民的自由权利和武装人民的三个条件下，同意和国民党中愿意抗日的军队、组织订立抗日协定，建立抗日民族统一战线（当时不包括蒋介石）。

◎ 1934 年 6 月 2 日，张学良在武昌检阅全市高中以上学生的军训情况。

為抗日救國告全體同胞書

中國蘇維埃政府　中國共產黨中央

◎ 1935 年 8 月 1 日，中共中央发表《八一宣言》。

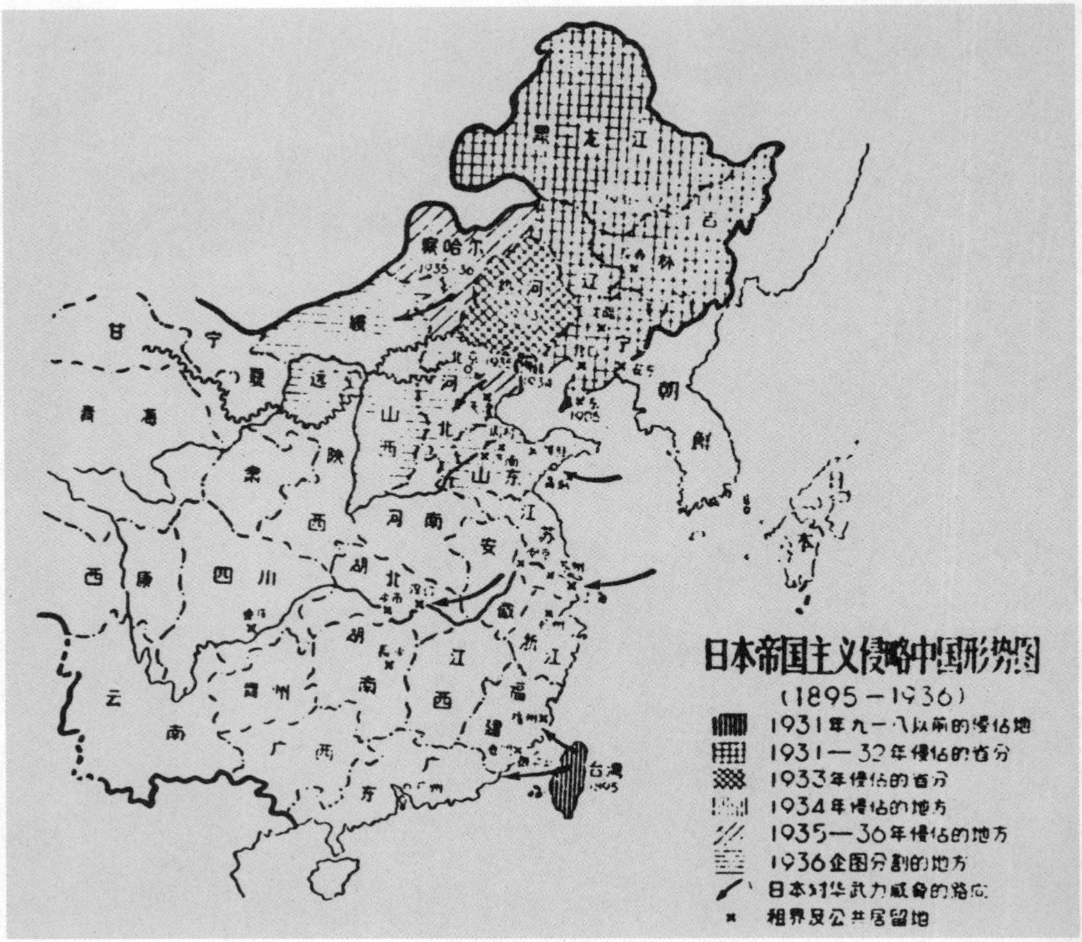

◎ 日本侵略中国形势图

蒋介石在全力“剿共”的同时亦开始调整中苏关系。并命令驻苏武官邓文仪在莫斯科与中共驻共产国际代表团会谈。1936年5月，中共驻共产国际代表团派潘汉年回国与陈立夫继续秘密谈判国共合作问题。早在当年春，中共经过与张学良和杨虎城的秘密谈判，已达成局部停战协定，并逐步形成红军与东北军、西北军三位一体共同逼蒋抗日的局面。这表明各党各派，主要是国共两党，在民族危机日益严重的情况下，开始向着共同抗日的目标奔跑。

[第五章]

兵谏长安转乾坤　身陷囹圄终不悔

一、兵谏挽狂澜

九一八事变后，民族危机日益严重。中共高举民族解放旗帜，坚决反对日本帝国主义对中国的侵略，提出“停止内战，一致抗日”的口号，得到全国人民拥护。各地救亡运动风起云涌，锐不可当。面对严重的民族危机和人民呼吁停止内战，共同抗日的要求，蒋介石继续执行其“攘外必先安内”的错误决策，集中兵力“围剿”坚持北上抗日的中国工农红军。

◎ 九一八事变给中华民族带来了空前严重的灾难。图为上海三新公司门前悬挂着“国难”两个大字。

◎ 九一八事变后，全国各地民众掀起抗日怒潮。图为北平街头悬挂的标语。（上图）

◎ 1931 年 9 月 23 日，杭州各界举行抗日救国大会。冒雨参加大会的有 10 万人，他们在雨中站立数小时，精神抖擞，悲壮激昂。（下图）

國立中山大學

◎ 1932 年 5 月 5 日，中日签订《淞沪停战协定》，使上海成为日本侵华的重要基地，民族危机进一步加深。图为双方谈判代表。

从1930年12月到1933年9月，蒋介石先后动用数百万军队，耗资4亿银圆，对中央苏区发动五次“围剿”，红军被迫针锋相对，反蒋抗日。1935年9月，蒋介石调东北军到西北“剿共”，成立“西北剿匪总司令部”，任命张学良为副总司令，代行总司令之职。10月，中国工农红军胜利会师陕北。12月9日，在北平爆发了震惊中外的学生爱国抗日救亡运动（即一二·九运动），进一步推动了全国性的抗日浪潮。东北军在劳山、榆林桥和直罗镇3次战役中，连连失败，损兵折将。

◎ 全国各地学生代表在南京请愿抗日（左上图）

◎ 1931 年 9 月 28 日，蒋介石被迫接见赴南京请愿的学生代表。（左下图）

◎ 1933年9月国民党军队对江西苏区发动第五次“围剿”，出动空军对苏区进行狂轰滥炸。（上图）

◎ 1934年10月12日，为策动杨虎城“剿共”，蒋介石一行由洛阳抵陕西渭南车站。邵力子、杨虎城等到车站迎接。右起：一为邵力子，三为蒋介石，四为杨永泰。（下图）

◎ 蒋介石不去抗日，却到江西前线指挥国民党的军队“围剿”主张抗日的红军。（左上图）

◎ 正在行进中的国民党“剿共”军队（左下图）

蒋介石对损失的建制，不但不给恢复，而且对张学良为“烈士”亲属申请的10万元抚恤费也分文不给，使张学良大受刺激。深感自己连10万元大洋都不值，如再继续下去，仅剩的一点抗日复土之老本就要拼光，何以面对家乡父老？！为抗日复土，他与杨虎城将军不得不另找出路，寻求与中共合作。

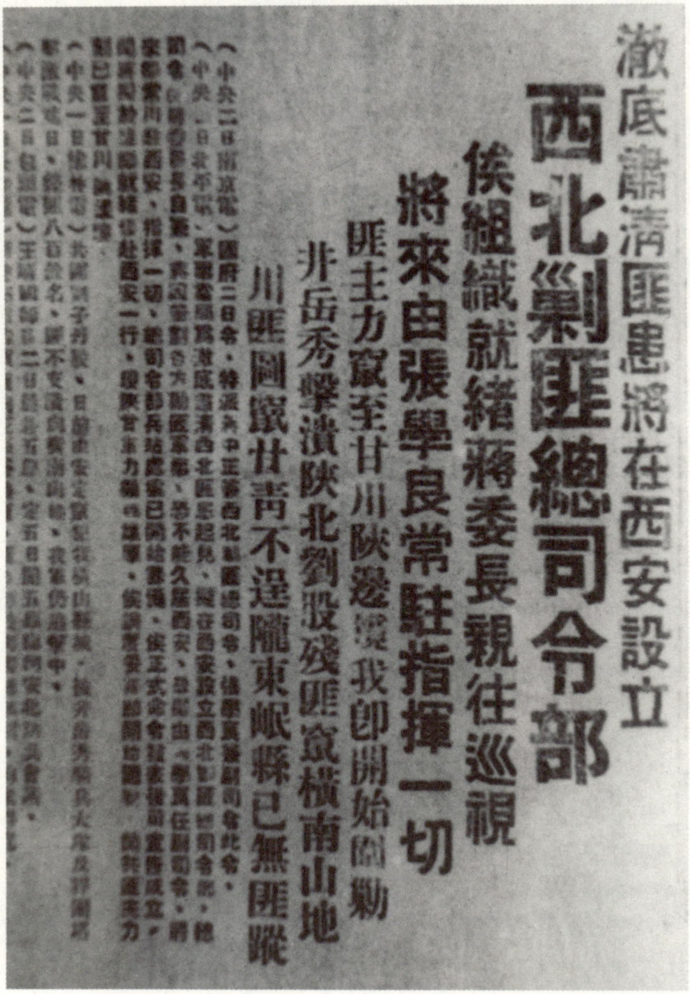

徹底肅清匪患將在西安設立

西北剿匪總司令部

俟組織就緒蔣委長親往巡視

將來由張學良常駐指揮一切

匪主力竄至甘川陝邊境我即開始圍剿

井岳秀擊潰陝北劉殘匪竄橫南山地

川匪圖竄甘青不逞隴東岷縣已無匪蹤

◎ 1935年10月2日，蒋介石命令张学良到西北“剿共”，在西安设立“西北剿匪总司令部”，由张学良指挥一切。

◎ 张学良在西安新城大楼前与西北要人合影。前排左起：邵力子、王普涵、张学良、杨虎城。

◎ 1935 年西入潼关的东北军兵车，左上为东北军五十七军军长于学忠。（左图）

◎ 1935 年 10 月 1 日，东北军一一〇师何立中部在甘泉劳山地区被红十五军团全部消灭，3000 多官兵被俘，师长何立中毙命。此为“劳山战役”之战地。（右图）

◎ 1935年10月6日，张学良、杨虎城飞抵绥德榆林桥一带视察部队。当时国民党的地方部队有井岳秀的二十二军、高桂滋的八十六师。图为他们在榆林桥机场合影。（上图）

◎ 榆林桥及其附近原东北军高福源团的驻地。1935年10月25日，东北军一〇七师六一九团高福源部在富县榆林桥地区与红十五军团交锋，其4个营被全部歼灭。团长高福源被俘。此为“榆林桥战役”。（下图）

◎ 高福源（上图）被俘后，积极学习，思想进步很快，秘密加入中国共产党，并自愿充当沟通红军与东北军关系的使者，愿亲自劝张学良与红军合作抗日。1936 年 1 月，高福源带着毛泽东、周恩来致张学良的信，回到洛川，首先见到六十七军军长王以哲，后来又见到自西安飞到洛川的张学良。张学良听了高福源的陈述后，确定让他返回瓦窑堡红军处，约请中共中央派代表到洛川相见。1936 年 1 月 6 日高福源持张学良的信回到了瓦窑堡，向周恩来做了全面汇报。后来他又陪同李克农参加了洛川会谈等。

◎ 直罗镇战役之战地。1935 年 11 月 21 日至 23 日，东北军一〇九师牛元峰部在陕北直罗镇地区，与红一军团和红十五军团作战，全部被歼，牛元峰毙命。红军在追击中又歼灭一〇六师一个整团于张家湾。（下图）

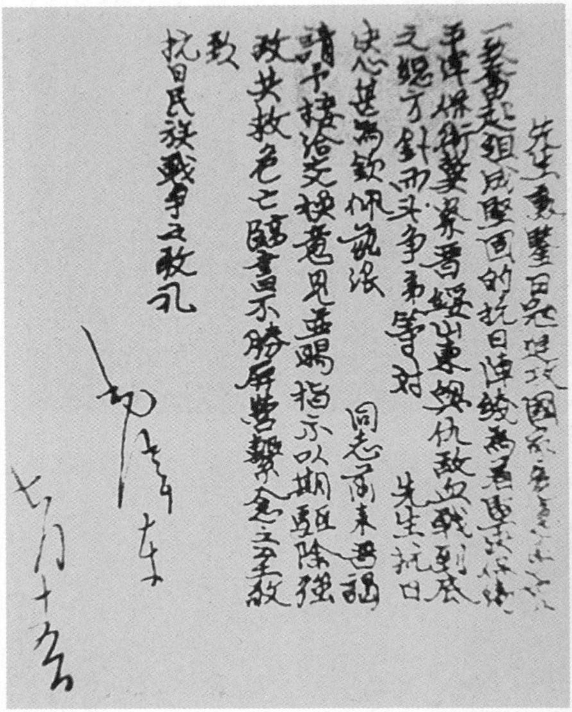

◎ 毛泽东致国民党统治区各方人士的信

◎ 杜重远（1898—1944），吉林省怀德县人，东北著名爱国人士，和张学良私交较深。1931 年，九一八事变后，他在上海一面创办实业，一面从事抗日救亡活动，参与组织东北民众抗日救国会，被选为常务理事。1934 年在上海创办《新生》周刊，任总编辑。1935 年 6 月，因《新生》周刊刊载《闲话皇帝》一文，涉及日本天皇而遭到日本抗议，被南京国民政府判刑一年两个月。1935 年 11 月下旬，张学良在上海密会杜重远。是月下旬，张学良又秘密会见了东北义勇军将领李杜，向李杜表示：愿在西北与红军合作。李杜和杜重远的意见一致，都主张联合起来抗击日本侵略。杜重远 1936 年 6 月出狱，10 月即至西安，推动了西安事变的发生。

◎ 洛川会谈旧址。1936年2月，中共中央应张学良约请，派中共中央联络局局长李克农由高福源陪同抵洛川。张学良因事去南京，委托王以哲和参谋长赵镇藩妥为招待，先谈局部具体问题，并达成协议。（上图）

◎ 红军代表、中共中央联络局局长李克农。1936年3月4日，张学良与李克农在洛川会谈时达成如下协议：（一）中共可派一位负责人（在周恩来、博古、彭德怀中选派），与他共商抗日大计，会谈地点在肤施（今延安），时间由中共方面定。（二）红军与东北军派代表出国的路线，由张学良与新疆的盛世才联系。（三）中共派出一位相当负责而又声名显赫的人物常驻西安，便于同各方接洽，组织和扩大国防政府与抗日联军。会谈中张学良一再表示，希望能见到毛泽东主席或周恩来副主席。（下图）

◎ 中共派往张学良身边的秘密代表刘鼎（上图）

◎ 肤施会谈旧址——延安天主教堂。1936年4月9日晚8时至10日晨4时，张学良、王以哲、周恩来、李克农、刘鼎在教堂内彻夜长谈。张学良重提应该怎样对待蒋介石的问题。他认为，我们正愁抗日力量不够，不应把蒋排除在外。蒋介石的错误是坚持“攘外必先安内”的“国策”，我们要设法把他从这种错误中扭转过来。“你们在外面逼，我在里面劝，内外夹攻”。周恩来听了张学良的意见后，郑重表示，这是极为重要的政策问题，需要提请党中央考虑后，再做答复。肤施会谈对停止内战、组织国防政府、红军集中到河北抗日、派代表赴苏联、东北军与红军通商等问题，都进一步交换了意见，达成了协议。这次会谈，对真正实现“停止内战，一致抗日”具有决定意义。是年八九月间，中共中央派叶剑英为红军代表常驻西安，协助东北军、十七路军改造部队，准备抗日。（下图）

◎ 参加肤施会谈的中共代表周恩来

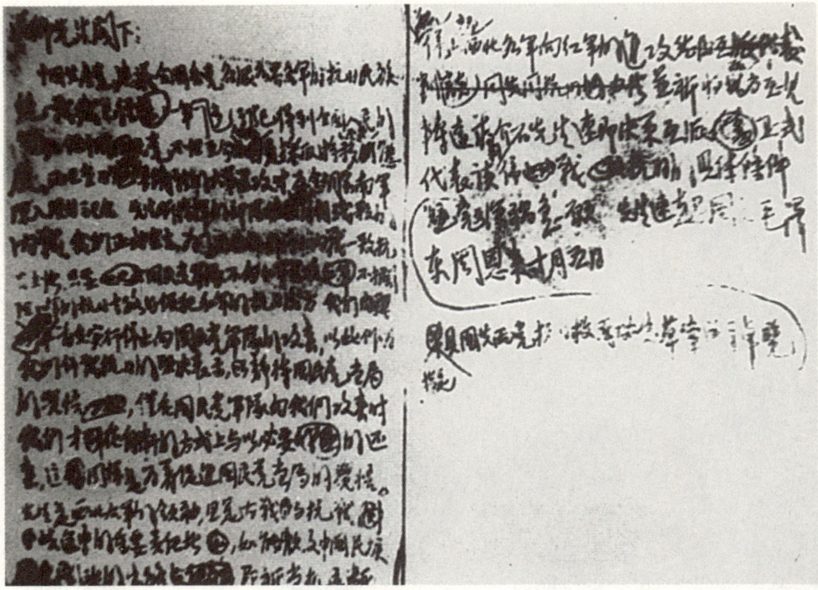

毛泽东 周恩来 十月五日

◎ 1936 年 10 月 5 日，毛泽东、周恩来致书张学良，再次申明中共中央关于“停止内战，一致抗日”的主张，并请他将中共的这一主张传达蒋介石。

各界舉行慶祝會

張代總司令閱兵

對受閱官長訓話勉以爲國雪恥

黨政軍各機關領袖均參加陪閱

◎ 1936 年 10 月 1 日，国民党《西京日报》关于张学良“双十节”阅兵的报道。

◎ 1936 年张学良在“九一八”国难五周年纪念大会上发表演说

勿忘國恥

楊虎城題

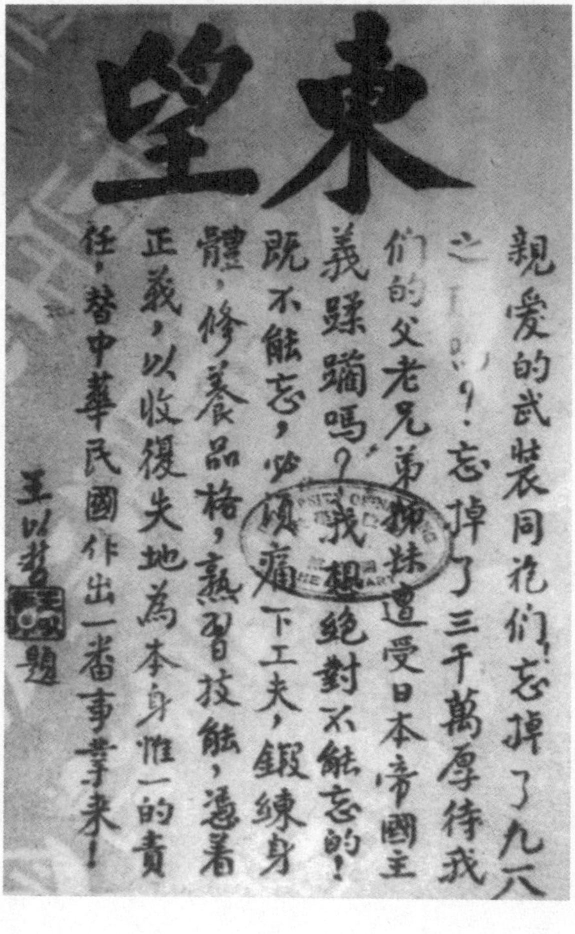

東望

親愛的武裝同志們！忘掉了九一八之[illegible]！忘掉了三千萬厚待我們的父老兄弟姊妹遭受日本帝國主義蹂躪嗎？我想絕對不能忘的！既不能忘，必須痛下工夫，鍛練身體，修養品格，熟習技能，憑著正義，以收復失地為本身惟一的責任，替中華民國作出一番事業来！

王以哲題

◎ 1936年10月10日，杨虎城为纪念“双十节”题词。（上图）

◎ 王以哲为鼓动宣传抗日的《东望》杂志题词（下图）

◎ 王以哲将军

◎ 1936 年 10 月 31 日，蒋介石在洛阳四经堂庆祝 50 寿辰，张学良以祝寿为名前去劝蒋抗日。图为祝寿时合影。右起：阎锡山、蒋介石夫妇、张学良。（上图）

◎ 1936 年 11 月 17 日，蒋介石（左）由洛阳飞太原，安抚与策动山西省政府主席、晋系军阀阎锡山（右）“剿共”。18 日，飞返洛阳。（下图）

◎ 1936 年 10 月 25 日，蒋介石到王曲军官训练团训话。（上图）

◎ 1936 年 6 月，为培养抗日军事干部，张学良、杨虎城在西安王曲成立军官训练团。这是训练团旧址。（中图）

◎ 1936 年 12 月 4 日，蒋介石（右一）第四次到西安，与张学良（左一）、杨虎城（中）合影。（下图）

1936年12月4日，蒋介石再赴西安，逼迫张学良、杨虎城率部进攻红军。否则，就将他们的部队调离陕甘，派中央军到陕甘进行“剿共”。

当时张、杨与红军已达成停止内战，共同逼蒋抗日协定。受全国抗日救亡群众运动浪潮的推动和中共抗日民族统一战线理论、政策的影响，张学良的爱国思想进一步升华。

他们对蒋介石多次慷慨陈词，苦谏、哭谏，均遭到蒋介石的拒绝。

在中华民族生死存亡的危急关头，12月12日张、杨不顾个人的身家性命和集团利益，以惊人的胆略，采取非常之手段，力挽狂澜，实行兵谏，以武力扣留蒋介石及其随员，促其反省，迫其停止内战，联共抗日。

◎ 图为1936年12月4日，蒋介石到陕后，多次在华清池“行辕”召集东北、西北军高级将领开会，询问“剿共”情形。但不通知张学良、杨虎城参加。

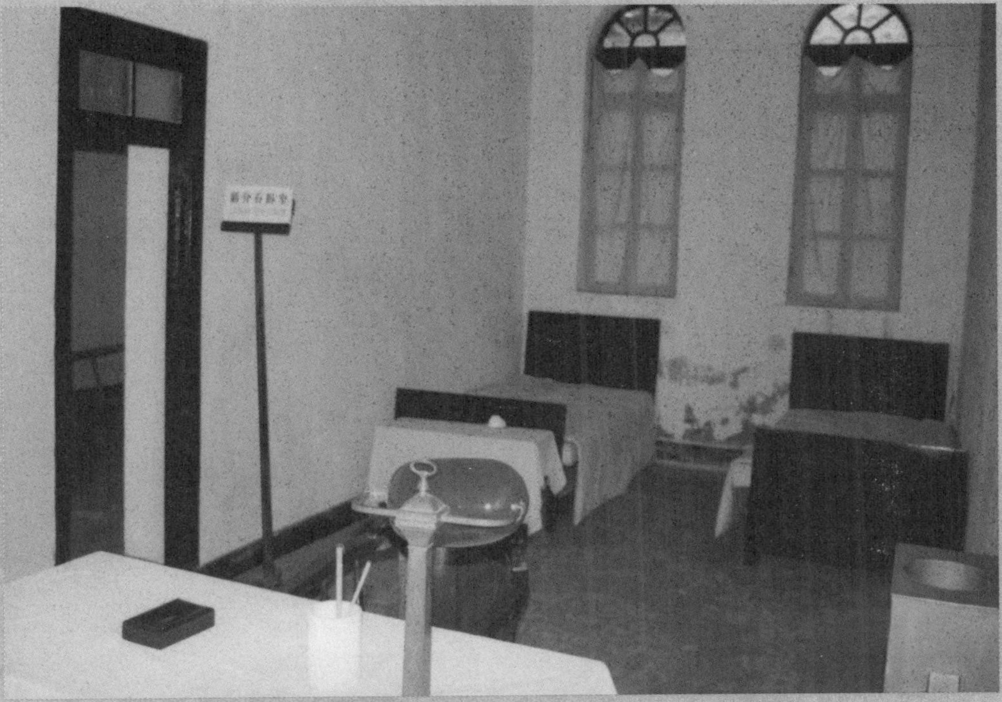

◎ 位于华清池五间厅内的蒋介石卧室

◎ 东北军学兵队旧址——西安东城门楼，是西安事变前张学良培养抗日骨干之处。

◎ 1936 年蒋介石多次来陕督促张、杨“剿共”。张杨多次进谏、哭谏，均未奏效。两人决定发动“兵谏”，逼蒋抗日。于 12 月 8 日作了具体分工。（上左图）

◎ 12 月 9 日，是一二·九运动一周年。西安学生举行了空前规模的请愿游行示威。张学良深恐学生遭到伤害，驱车赶往东十里铺，并作了一周内用事实答复学生的承诺。（上右图）

◎ 12 月 10 日，张学良带白凤翔、刘桂伍到临潼谒蒋，目的在于认路、察看地形及蒋的住处。为兵谏做准备工作。（下左图）

◎ 蒋介石决定 12 月 12 日颁布第六次“剿共”令。此时，张、杨已无等待余地。集中东北、西北军高级将领，在新城杨虎城公馆部署“兵谏”行动。（下右图）

◎ 西安事变指挥部——杨虎城公馆

◎ 西安张学良将军公馆大门

◎ 坐落于西安青年路的杨虎城将军公馆——止园

◎ 此为“兵谏亭”

◎ 蒋介石在西安被扣时的第一个住处——新城大楼东厢房（上图）

◎ 西京招待所旧址。西安事变发生后，张、杨曾将南京国民政府的一些政要扣押于此。（下图）

事变当日，杨虎城、张学良发表时局宣言，提出八项抗日救国主张，同时电邀中共速派代表到西安共商大计。

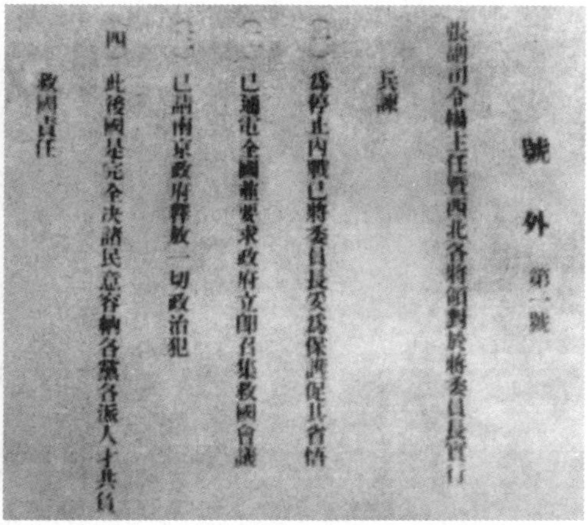

號外 第一號

張副司令楊主任暨西北各將領對於蔣委員長實行兵諫

(一)為停止內戰已將委員長妥為保護促其省悟

(二)已通電全國確要求政府立即召集救國會議

(三)已請南京政府釋放一切政治犯

(四)此後國是完全決諸民意容納各黨各派人才共負救國責任

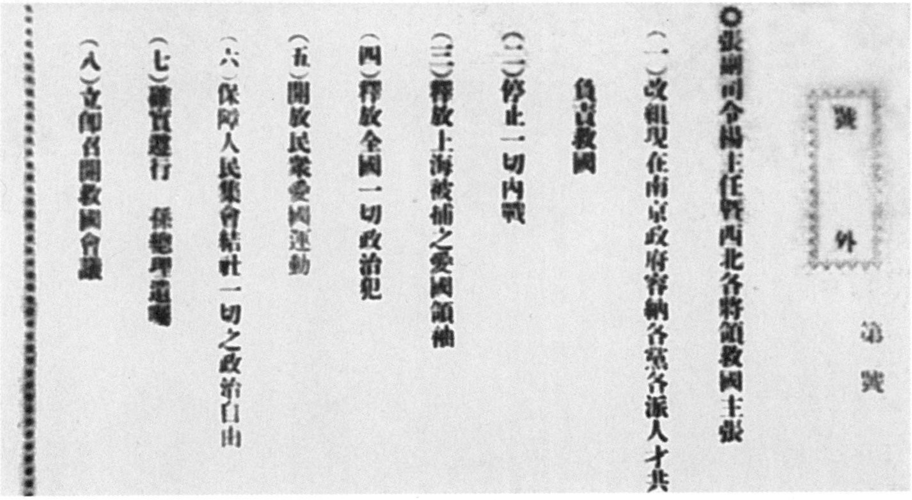

號外 第 號

○張副司令楊主任暨西北各將領救國主張

(一)改組現在南京政府容納各黨各派人才共負責救國

(二)停止一切內戰

(三)釋放上海被捕之愛國領袖

(四)釋放全國一切政治犯

(五)開放民眾愛國運動

(六)保障人民集會結社一切之政治自由

(七)確實遵行 總理遺囑

(八)立即召開救國會議

◎ 抗日联军临时军事委员会在西安钟鼓楼上写的“八项救国主张”标语牌（上左图）
◎ 西安事变后的第一号号外（上右图）
◎ 报纸刊载的有关西安事变的第二号号外（下图）

◎ 西安事变后担任政治设计委员会主任的高崇民。他参与起草了张、杨停止内战抗日救国的八项主张，积极拥护和平解决西安事变。

◎ 西安广大群众举行拥护“双十二事变”的游行（右上图）

◎ 1936年11月23日，上海救国会领袖沈钧儒等7人被国民党逮捕，史称“七君子”。西安事变后，张、杨提出“释放政治犯”的主张，对“七君子”的获释有很大帮助。（右下图）

◎ 1936年12月17日，中共代表团抵达西安。图为中共代表团主要成员。右起：周恩来、叶剑英、秦邦宪。

中共在电告共产国际的同时，作出和平解决西安事变的决定。并派周恩来、叶剑英、秦邦宪等抵达西安。

接着，蒋介石的私人秘书端纳及宋子文、宋美龄兄妹也先后飞至西安。

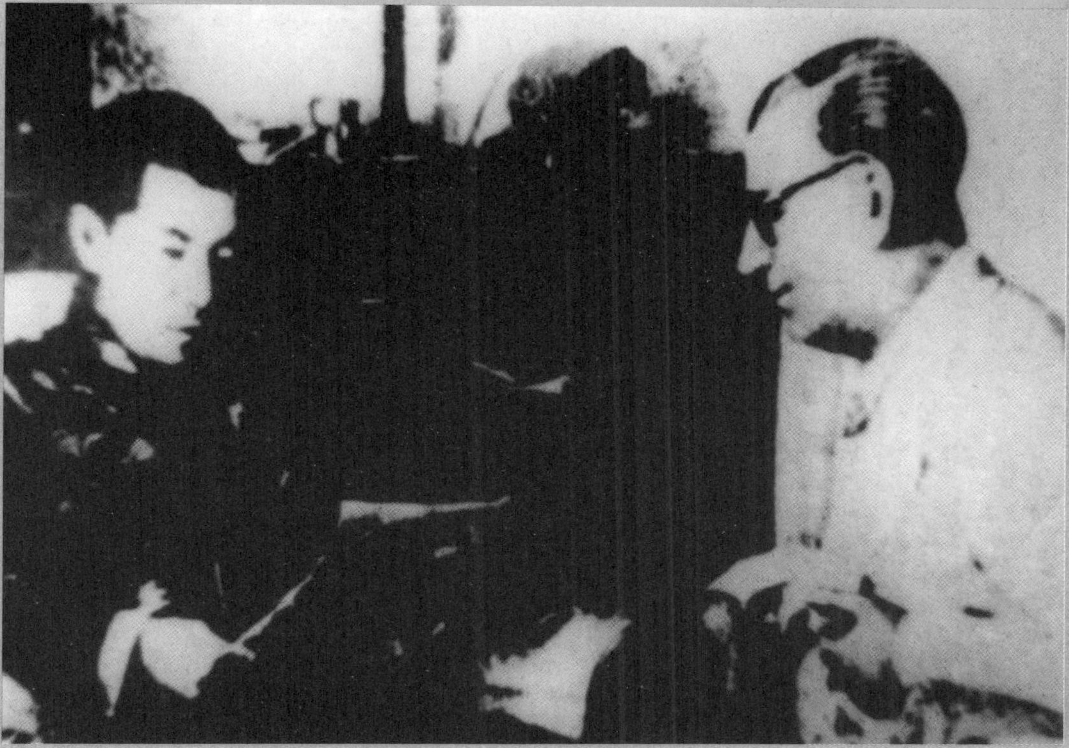

◎ 1936 年 12 月 14 日，张学良在阅读由端纳转交的宋美龄给他的信。

夫君愛鑒昨日聞西安之變焦急萬分竊
思吾
兄平生以身許國大公無私凡所作為無絲
毫為自己個人權利着想即此一點寸衷足
以安慰且抗日亦係吾
兄平日主張惟
兄以整個國家為前提數年來竭力整頓
軍備團結國力以求貫徹抗日主張此公忠為
國之心必為全國人民所諒解目下吾
兄所處境況真相若何望即
示知以慰焦思妹日夕祈禱
上帝賜福吾
兄早日脫離惡境請
兄亦祈求
主宰賜予安慰為國
珍重為禱臨書神往不盡欲言專此奉
達敬祝
康健
妻美齡 廿五年十二月十三日

◎ 宋美龄给蒋介石的信

◎ 西安事变后蒋介石第二个暂住地——高桂滋公馆。周恩来曾与蒋介石在此会晤。（上图）

◎ 西安事变发生后，宋子文为营救蒋介石，多次以私人身份奔走于西安与南京之间，图为宋子文在西安时拍摄的照片。（下图）

◎ 1936 年 12 月 22 日，宋美龄飞抵西安，同机抵达的还有蒋介石的澳籍顾问端纳、宋子文、戴笠等人。

◎ 蒋介石的军政大员及家属1936年12月在西安合影（上图）
◎ 南京主战派何应钦派飞机轰炸陕西东北军驻地（下图）

在二宋的劝导下，蒋介石写信给南京的何应钦，要他制止轰炸西安。经三方多次谈判，蒋介石不得不口头答应停止内战、联共抗日六项条件。

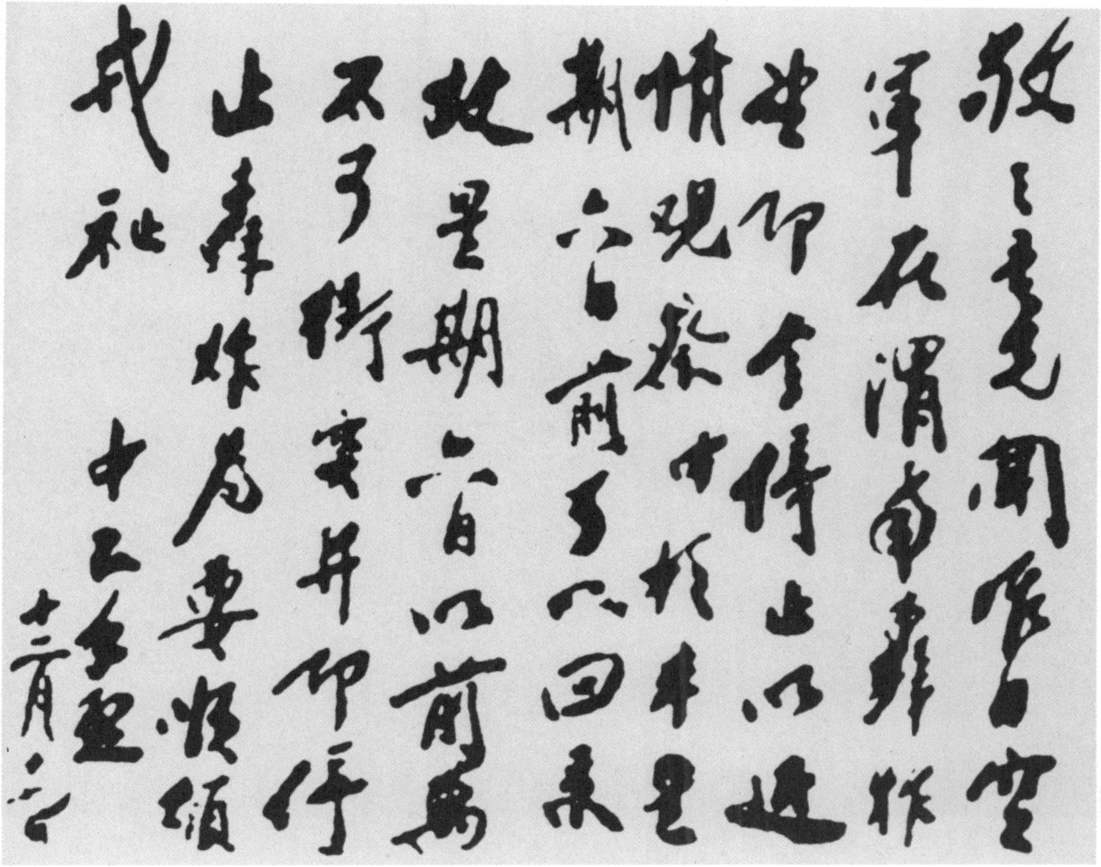

敬之吾兄：闻昨空军在渭南轰炸甚烈，望即令停止，以近情观察，中于本星期六日前可以回来，故星期六日以前万不可冲突，并即停止轰炸为要。顺颂戎祉。中正手启 十二月二十日

◎ 蒋介石写信给南京的何应钦，要他停止轰炸三天。

◎ 张学良、杨虎城、周恩来与蒋介石的代表宋子文、宋美龄会谈的地方。

12月25日，张学良为恢复蒋介石的威信，“使他好做事，好做人，好领导抗日”，压一下南京亲日派的嚣张气焰和目睹蒋介石兑现在西安答应的条件，送蒋返宁，负荆请罪。但一到南京，即被蒋介石软禁，他在身陷囹圄的情况下，多次写信给杨虎城及东北、西北军高级将领，要从抗日大局出发，勿以学良个人为念，继续发挥别人无法替代的重要作用。

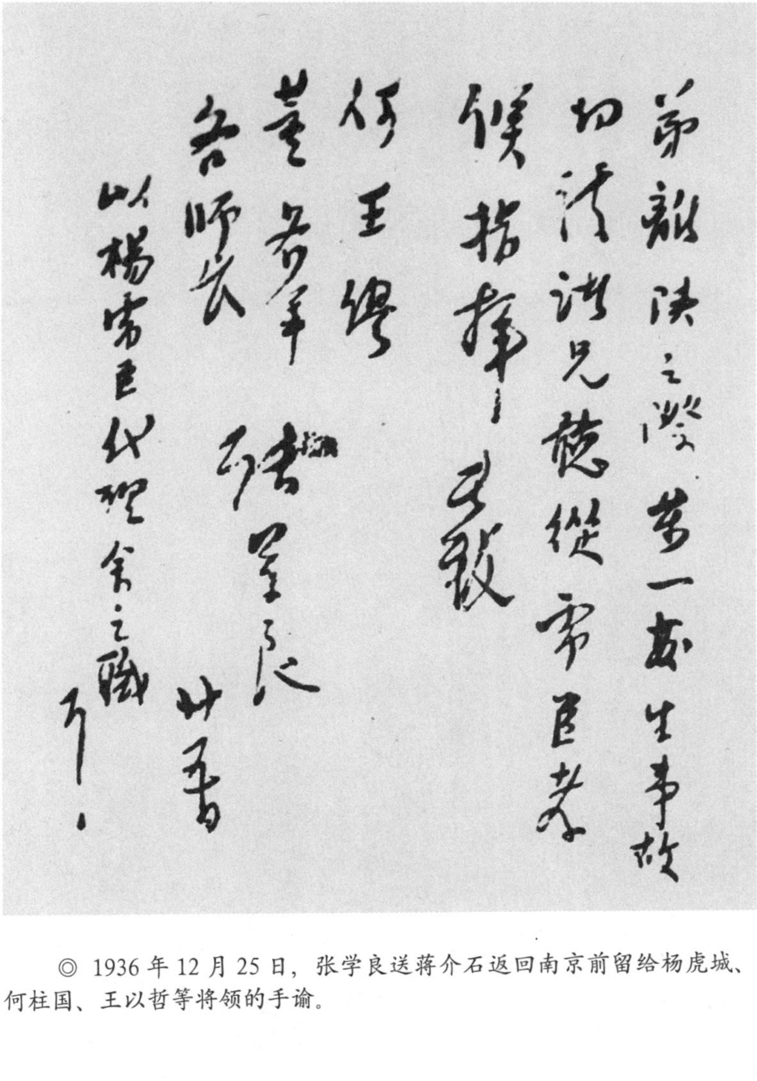
弟離陕之際 萬一發生事故
切請諸兄聽從虎臣孝
侯指揮 此致
何王繆
董各軍
各師長
弟學良 廿五
以楊虎臣代理余之職 良

◎ 1936年12月25日，张学良送蒋介石返回南京前留给杨虎城、何柱国、王以哲等将领的手谕。

◎ 1936年12月25日，蒋介石夫妇在西安起程返回南京，图为登机前的留影。（上图）
◎ 蒋介石夫妇回南京途经洛阳机场时合影（下图）

◎ 从西安飞抵南京的蒋介石、宋美龄夫妇。

西安事变终得和平解决，促成国共第二次合作，实现了中国全面抗战，为彻底打败日本侵略者奠定了政治基础。对此，毛泽东曾有高度评价认为："如果没有十二月二十五日张汉卿先生送蒋介石先生回南京一举，如果不依照蒋先生处置西安事变的善后办法，则和平解决就不可能，兵连祸结不知要闹到何种地步，必然给日本一个绝好的侵略机会，中国也许因此亡国，至少也要受到极大损害。"这既充分肯定了张学良送蒋介石返宁的意义，又肯定了蒋介石在当时的情况下所起的一定作用。当然，张学良因此付出了巨大代价。

◎ 1937 年 4 月 2 日，周恩来返回延安向党中央汇报在杭州同蒋介石谈判的情况。在延安机场受到中共中央领导的亲切迎接。右起：萧劲光、林伯渠、彭德怀、周恩来、毛泽东、张闻天、秦邦宪。（上图）

◎ 1937 年 5 月，国民党“中央考察团”在西安的合影。前排右二起：张冲（国民党谈判代表）、涂思宗（考察团团长）、肖致平、邵华（考察团成员）。（下图）

◎ 国民政府军事委员会委员长西安行营考察团成员名单

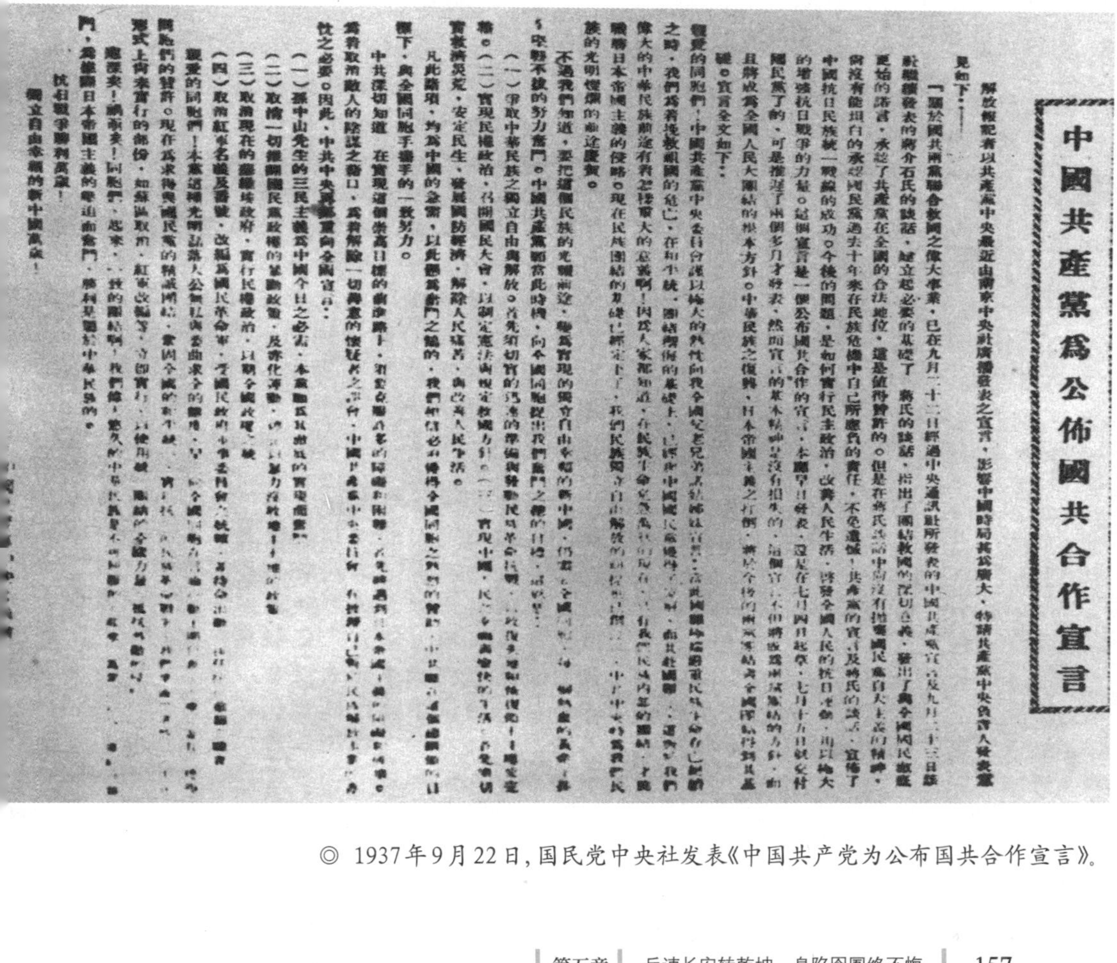
中國共產黨為公佈國共合作宣言

抗日戰爭勝利萬歲！
獨立自由幸福的新中國萬歲！

◎ 1937年9月22日，国民党中央社发表《中国共产党为公布国共合作宣言》。

（一九三七年九月二十三日）

蒋介石

国民革命之目的在求中国之自由平等。总理曾说明三民主义为救国主义，即希望全国国民一致为挽救国家危亡而奋斗。不幸十年以来，一般国人，对于三民主义，不能真诚一致的信仰，对民族危机亦无深刻之认识，致使革命建国之过程中，遭受不少之阻碍，国力因内之消耗，人民亦饱受牺牲，遂令外侮日深，国家益趋危殆。此数年间，中央政府无日不以精诚团结，共赴国难相号召，而国人昔日之怀疑三民主义者，亦均以民族利益为重，放弃意见，而共趋于一致。足证国民今日皆已深切感觉存则俱存，亡则俱亡之意义，咸认整个民族之利害，终超出于一切个人一切团体利害之上也。此次中国共产党发表之宣言，即为民族意识胜过一切之例证。宣言中所举诸项，如放弃暴动政策与赤化运动，取消苏区与红军，皆为集中力量，救亡御侮之必要条件，且均与本党三中全会之宣言及决议案相合。而其宣称愿为实现三民主义而奋斗，更足证明中国今日只能有一个努力之方向。余以为吾人革命，所争者不在个人之意气与私见，而为三民主义之实行。在存亡危急之秋，更不应计较过去之一切。

而使全国国民彻底更始，力谋团结，以共保国家之生命与生存。今日凡为中国国民，但能信奉三民主义而努力救国者，政府当不问其过去如何，而咸使有效忠国家之机会。对于国内任何党派，只要诚意救国，愿在国民革命抗敌御侮之旗帜下共同奋斗者，政府自无不诚意接纳，咸使集中于本党领导之下，而一致努力。中国共产党人既捐弃成见，确认国家独立与民族利益之重要，吾人惟望其真诚一致，实践其宣言所举之诸点，更望其在御侮救亡统一指挥之下，以贡献能力于国家，与全国同胞一致奋斗，以完成革命之使命。总之，中国立国原则为总理创制之三民主义，此为无可动摇，无可移易者。中国民族既已一致觉醒，绝对团结，自必坚守不偏不倚之国策，集中整个民族力量，自卫自助，以抵暴敌，挽救危亡。中国不但为保障国家民族之生存而抗战，亦为保持世界和平与国际信义而奋斗。世界明达之士，必能了解之也。

◎ 1937 年 9 月 23 日，蒋介石在庐山发表《对中国共产党宣言的谈话》。（上图）

◎ 1937 年 9 月 24 日，宋庆龄发表《国共统一运动感言》。（下图）

國共統一運動感言

宋慶齡

訊發表了中國共產黨共赴國難宣言和中國國民黨領袖蔣委員長團結禦侮的談話，使我異常興奮，異常地感動。回想國民黨和共產黨這兩個兄弟黨在最近十年以來，互相對立，互相殘殺，這是首創國共合作的先總理孫中山先生生前所不及意想到的，到最後，這兩個兄弟黨居然會歸於好，從新攜着手為中國民族的獨立解放而鬥爭。中共宣言和蔣委員長談話都鄭重指出兩黨精誠團結的必要，我聽到這消息，感動得幾乎要下淚。

孫中山先生生前主張着：只有在中國國民黨領導之下，喚醒民衆，組織民衆，實現民族主義，民權主義，民生主義，才能救中國於危亡。但是要實現三民主義，只有對外聯合以平等待我的民族，對內聯合革命的政黨，共同奮鬥，才能得到最後的勝利。孫中山先生這個主張，一直到臨終的時候並沒有絲毫改變。孫中山先生主張國共合作，因為共產黨是代表工農大衆利益的黨。沒有廣大的工農群衆的擁護和積極參加，中國國民黨所担任的國民革命使命是不可能完成的。孫中山先生雖然於一九二五年離開我們長逝了，但是他遺留給我們的中國國民黨，依然和中國共產黨合作，根據孫中山先生手定的三民主義政綱，共同致力於國民革命。因此便有一九二六——二七年北伐的大勝利。假如孫中山先生國共合作的主張，以及聯俄，聯共，工農利益三大政策能夠繼續到底，則中國國內封建勢力早已剷除淨盡，帝國主義也早被驅逐出去，而中國已成為獨立自由的中國了。

但是不幸得很，十年以來，國共兩黨分裂，國民黨放棄總理三大政策，共產黨提出推翻國民政府的口號，以至兩黨互相殘殺，犧牲無數有為的青年，損失無數寶貴的精力，以從事內爭，致令國家民族的真正敵人——日本帝國主義——乘隙而入。誠然如蔣委員長所稱：『十年以來，一般人對於三民主義不能真誠一致的信仰，對於民族危機亦無深刻之認識，故使革命建國之過程中，遭受不少之阻礙，國力因之消耗，人民亦備受犧牲，遂令外侮日深，國家益趨危殆』。這不是一二人的責任，也不是任何政黨的責任，凡我國共兩黨同志，都要內心自責，慚愧對我先總理孫中山先生在天之靈。

前事不忘，後事之師。在這民族危機千鈞一髮的今日，一切過去的恩怨，在目的牙眼，自然都應該一筆勾銷，大家都一心一意，為爭取對日抗戰的最後勝利而共同努力。但是過去國共分裂這一段悲慘歷史，却仍然值得我們的記取。國民黨同志應該謹記着：要是不顧先總理遺教，拋棄了工農大衆利益，將成為民族罪人，等於國民黨的自殺。共產黨同志也應該記住：只有在孫總理遺教領導之下，和中國國民黨真誠地合作，把全民打成一片，才能完成反帝反封建使命。我相信兩黨同志，經過十年以來長期的慘痛教訓，再加上日寇無情的殘酷的進攻，一定能夠本『兄弟鬩於牆外禦其侮』的古訓，誠信地友愛地團結成一體。惟有這樣，才能使中華民國走上獨立解放的勝利途徑。孫中山先生死而有知，也應該含笑九原了！

一九三七，九，二四，上海。

◎ 国共合作后的宋氏三姐妹在一起合影。右起：宋庆龄、宋霭龄、宋美龄。（上图）

◎ 蒋介石与宋氏三姐妹在重庆合影。右起：宋庆龄、蒋介石、宋美龄、宋霭龄。（下图）

◎ 国共两党合作后，悬挂在延安大礼堂上的国共两党的旗帜和标语。

爱国将领杨虎城，西安事变后被迫“出洋考察”。1937年10月29日，他不顾个人安危，拒绝亲友（包括张学良）劝阻，毅然回国，准备参加抗战。但他一踏上国土，就被国民党军统特务跟踪，终被蒋介石长期囚禁。1949年9月6日，被国民党特务暗杀于重庆“中美合作所”戴公祠，血溅渝州，震惊中华。是年11月30日重庆解放，中国人民解放军第二野战军派人调查，12月1日觅得遗体，16日，中共中央给杨虎城家属发去唁电。

◎ 杨虎城（左四）被迫辞职出洋考察。1937年5月出洋前在上海与邓宝珊（左五）、马文彦（左六）合影。（上图）

◎ 图为杨虎城将军被害处——重庆戴公祠（下图）

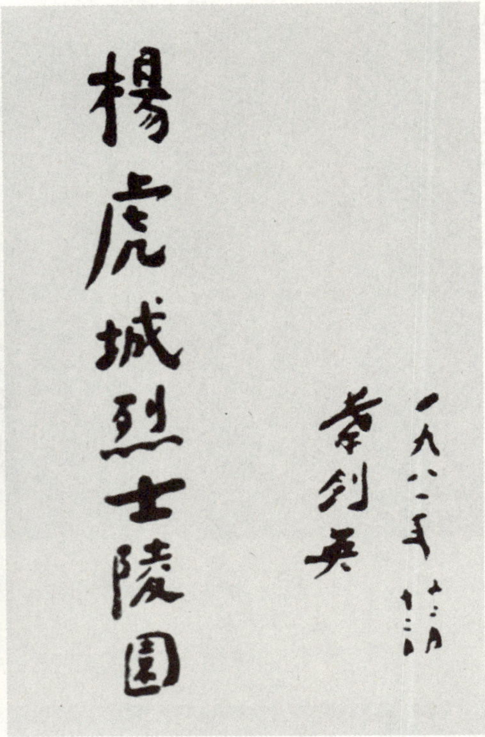

◎ 杨虎城将军的陵园（左图）
◎ 叶剑英 1981 年 12 月 12 日为杨虎城烈士陵园题：杨虎城烈士陵园。（右图）

1950年1月16日，杨虎城的灵柩由重庆运抵武汉。25日，中南军政委员会举行公祭，26日，杨虎城的灵柩由武汉北运西安。2月7日，安葬于西安南郊杜甫祠西侧，同时中国人民政治协商会议全国委员会在北京军事管制委员会举行公祭。与他同时遇难的还有他的小儿子拯中，女儿拯贵（夫人谢葆真，此前因受特务折磨，已病故狱中）等。他们一家四口，为中国的独立解放献出了宝贵生命。杨虎城身陷囹圄十二载，思之令人愤懑，念之催人泪下，他在狱中同国民党特务面对面地进行了不屈的斗争，其言行充分体现了一个爱国志士的高风亮节。怀沙屈子千秋烈，为国捐躯一世豪，杨虎城将军不朽！

◎ 杨虎城将军被囚处之一：重庆磁器口杨家山。（上图）

◎ 杨虎城夫人谢葆真被囚处（下图）

二、被扣无怨悔

1936年12月12日，张学良与杨虎城以一腔爱国赤子之忱，关心民族命运和国家前途，于外侮日亟、国事危殆之秋，毅然发动西安事变，迫使蒋介石停止内战，联共抗日，实现全国抗战。周恩来生前，每念及张、杨则必称：千古功臣。为和平解决西安事变，拥蒋抗日，张学良不顾部属阻拦，不听杨虎城劝告，也未告知周恩来，就决然送蒋返宁，负荆请罪，并于到达南京的当天（1936年12月26日）上书蒋介石，内称：“学良生性鲁莽粗野，而造成此次违犯纪律不敬事件之大罪。兹腼颜随节来京，是以至诚愿领受钧座之责罚，处以应得之罪，振纲犯，警将来。凡有利于国者，学良万死不辞，乞钧座不必念及私情，有所顾虑也。学良不文，不能尽意，区区愚忱，伏乞鉴谅！”

然而，心胸狭隘、报复心极强的蒋介石却背信弃义，经审张、判张、赦张，然后交军事委员会严加管束，把张学良囚禁54个春秋，直至蒋氏父子去世后的1990年，才算恢复自由。张学良爱国获罪，是否后悔呢？非也！请看当年担任南京高等军事法庭审判长李烈钧的一段回忆：

“三十一日，开庭前，我命副官先布置一下法庭，然后我偕同朱（培德）、鹿（钟麟）两审判官到法庭坐定。我环顾法庭四周布置周密，警戒森严。我命将张学良带上。不一会儿，张学良面带笑容，趋立案前。我因为他是陆军上将，又是未遂犯，让他坐下，但他仍笔直地站着。我招呼他走近一些。我问张学良：‘你知道犯什么罪吗？’我翻开陆军刑法给他看，并对他说：‘陆军刑法的前几条，都是你犯的罪。你怎么胆敢如此？’学良态度从容，答话直率，毫无顾忌，我心想，学良真是张作霖的儿子啊！我问他：‘我们准备了一份向你提问的问题，要你逐条回答，你愿先看看这些问题吗？’学良回答：‘很好，请给我看。’我等他看完问题后，接着问他：‘你胁迫统帅，是受人指使呢？还是你自己策划的呢？’学良回答：‘是我自己的主意。一人作事一人当，我所作的事我一人当之。我岂是任何人所能指使的吗？’学良侃侃而谈。他问我：‘我有一句话，请教审判长，可以吗？’我说：‘当然可以。’学良说：‘民国二年，审判长在江西起义讨伐袁世凯，有这回事吗？’我说：‘是的。’学良理直气壮地说：‘我在西安的行动，为的是谏止中央的独断专行……’没等张学良说完，我斥责他：‘胡说！那袁世凯怎能与蒋委员长相提并论？你在西安搞事变，是自寻末路，怎能归罪于谁？’审判官见我越说越火，劝我稍休息一下。朱、鹿两审判官陪同我至休息室。休息片刻，复回法庭，继续审讯。我劝张学良：‘你在西安的事，应据实供出，否则对你不利。’鹿钟麟亦对学良说：‘审判长待人诚恳宽厚，汉卿幸勿失此良机。’学良唯唯。我接着对学良说：‘你是否受外党的播弄？不然何以糊涂至此。望你抓紧时机，从速实告。不然求一生路亦不可能。机不可失，君其毋悔！’”张学良说：‘这回的事，由我一人负责。我对蒋委员长是极信服的，我曾将我们的意见，前后数次口头及书面报告过委员长。我们一切的人都是爱国的人。我们痛切的难过国土年年失却，汉奸日日增加，而爱国之士所受之压迫反过于汉奸，事实如殷汝耕同沈钧儒相比如何乎，我们也无法表现意见于我们的国人，也无法贡献于委员长，所以用此手段以要求领袖容纳我们的主张。我可以说，我们此次并无别的要求及地盘金钱等，完全为要求委员长准我们作抗日一切准备及行动，开放一切抗日言论，团结抗日一切力量起见。我们认为目下中国不打日本，一切事全难解决。中国抗日非委员长领导不可，不过认为委员长还未能将抗日力量十分发扬而亲日者之障碍高过于抗日之进行。如果我们有别的方法达到我们希望，也就不做此事了。我此次来京，也有三点意见：（一）维持纪律，不隳我中国在国际上地位；（二）恢复及崇高领袖之尊严；（三）此事余一人负责，应当得应得之罪，我并无一点个人的希求，一切的惩罚我甘愿领受。我写给委员长的信，不知道他要发表的，否则我不写。原先我们也不想这样做，因为事情紧迫，无法作出来的。前次我们本想以全体人员去向委员长要求，不料一二·九学生运动由警察开枪，以致如此。我始终是信佩委员长的，但对亲日者更加认识。现在的要求是极端的抗日，贯彻始终。至于我个人的生死毁誉，早已置之度外。我们的行动本不是要开枪的，也无要损害任何人的。不幸行动中统制不良，尤其是邵先生翼如，我心中真是十分不安。如不是信崇蒋先生之伟大精诚，其如中枢怎样处置，那我是不在乎的，也可以说不接受的。我对于我们之违犯纪律之行动，损害领袖之尊严，我是承认的，也愿领罪的。我们的主张，我不觉得是错误的。”

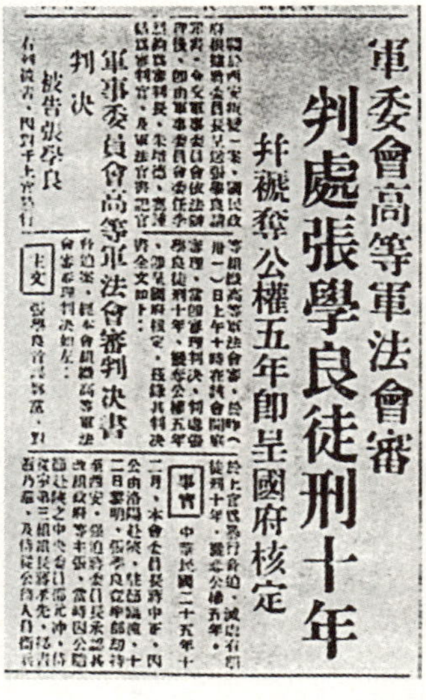
軍委會高等軍法會審
判處張學良徒刑十年
並褫奪公權五年即呈國府核定
軍事委員會高等軍法會審判決書

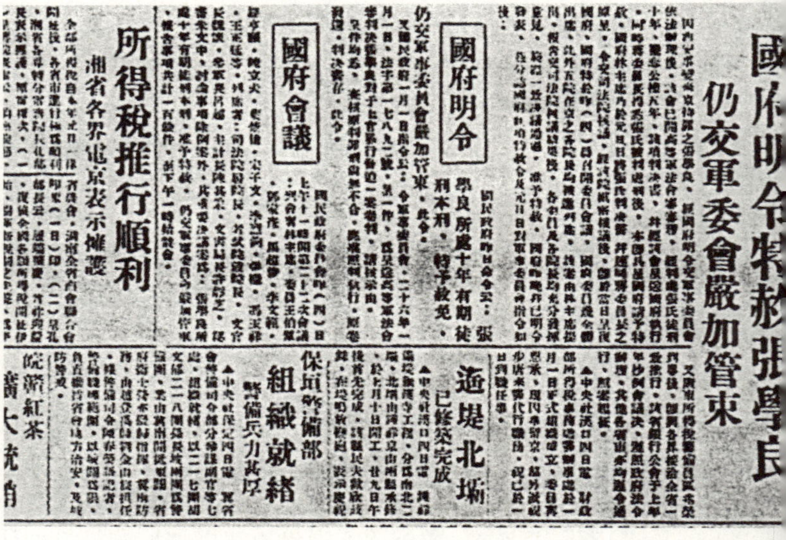
國府明令特赦張學良
仍交軍委會嚴加管束
國府明令
國府會議
所得稅推行順利
湘省各界電京表示擁護
保垣警備部組織就緒

◎ 张学良送蒋被扣，遭国民党军事委员会无理审判，处10年徒刑。图为当时新闻报道。（左图）

◎ 1937年1月4日，国民政府登报宣布特赦张学良交军委会严加管束，从此张失去自由。（右图）

新中国成立后，李烈钧谈起审判张学良一事时说：“那简直是演戏，我不过是奉命扮演这幕戏的主角而已！张汉卿态度光明磊落、对话直率，无所畏惧。”“西安事变用兵谏的方式谏止蒋介石的独断专行，何罪之有？”

审判后的第二天（即1937年元旦），张学良对发动西安事变的现实意义和国际影响，在致东北军全体将士书中阐述的更加清楚、明白：

“危机四伏，困苦艰难的民国二十五年（即1936年）已如逝水般的飞去，关系民族存亡绝续的民国二十六年，又随时序的嬗变俱来，我们当这样一个新年元旦，想想我们的国家前途，想想我们的故乡惨状，应该怎样决定我们的今后任务？再看看国防潮流的激荡，国内新局面的展开，我们更应该怎样振起我们的精神，坚强我们的意志，认清我们的目标，巩固我们的阵线，来为民族国家及至全人类的和平而奋斗！……

“我亲爱的战士们！去年“双十二事件”是我们国家存亡绝续的分野，我们自相砍杀的内战，是要从此绝迹了，我们抗日复土的光荣战争，是马上就要见之行动了，我们的民族与国家已有了复兴的希望，这显然是我们中国划时代的一个事件，不独使我们可以期待着国策的转变适合了民众的要求，且已投下了一块巨石于国际深潭，忽然飞沫四溅警醒了世界苟且偷安的人士与夫野心帝国主义者的憧憬与迷梦。……

“我亲爱的将士们！民国二十六年从今天开始了！这显然是我们民族解放斗争的开端，也正是我们民族复兴的起点。以往，我们也曾为急于‘回家’与不甘容忍而怨恶政府，但现在已迥非从前的情形了，我们当此新年开始之日，过去的，只如听其过去，不要再云怨望；现在的，我们必要把握得住，也不必再去讴歌，怨望不足济事，讴歌便有惰心，现在是我们的主张就要见诸行动的时候了。我亲爱的将士们！你们真爱我们文化悠久广土众民的祖国吗？你们未忘我们故乡的父老兄弟和田园庐墓吗？你们知道我们民族的最大敌人，就是强占我们东北四省，现在还在侵略我们的日本帝国主义者吗？好了，现在就请你们随着这次的元旦一致努力，加紧训练，待命杀敌，务求在最近的将来收回我们的白山黑水！”

同一天，刘少奇在一次谈话中说：“张学良在南京的行动是有助于全国团结抗日，停止一切内战的方针之实行的。这不是表示张学良的无耻与投降，反而表示张学良为着团结全国抗日停止内战而不惜牺牲个人的忠诚。张学良是请罪了，西安事变的一切责任他担负了，剩下来的还有什么问题呢？那就是只有南京政府要执行真正足以满足全国人民愿望的抗日救国政策。”

综上所述，可见张学良为了救国救民的目的，放弃了一切，牺牲了自己。去台后虽长期遭不公正之待遇，然淡于荣利，为国筹思，即便身陷囹圄，仍不改爱国初衷。在台湾井上温泉张学良曾对来看他的张严佛说：“西安事变，为了制止内战，为了抗日，我没有错。我不该扣留委员长，判刑10年无话可说，但10年刑期已满，如今抗战胜利，日本都投降了，还把我关下去，这是什么法律？这样对待我，无论如何是非法的，我心中不平。”张学良在台湾还曾对一位记者说起他不愿见记者，因为记者总要问他有关西安事变的具体情节。他说：“这要我如何回答呢？如果说是我一时的冲动，显然是我自己无能；如果说我是受共产党的欺骗，显然是骂我自己糊涂；如果说是老先生（蒋介石）该被扣留，显然表示我还没有承认错误，与我当时亲自护送老先生回南京的心愿不符。所以，我决不能见记者。因为我怎么说都不行。”他的这一谈话表明，他始终认为他发动西安事变是正确的。

1990年8月，张学良对日本记者谈及此事时再次表明，为了中华民族的根本利益，发动西安事变没有错，也许方法欠妥，如此而已，别无他说。

张学良在口述历史中，在谈到大家最关心，也最敏感的西安事变时说：“西安事变，我当时就说过，委员长就好像是盏灯泡，我暂时把它关一下，我把它擦一擦，我再把它开开，让它更亮。”“不客气地说，那是泥菩萨，首领就是泥菩萨，我把这泥菩萨已经搬倒了，我再自行把它扶起来，它有灵，他要我脑袋疼，不能不给它磕头。在西安，蒋先生既然答应了，那你是权威，我拥护你，我陪你去南京，去请罪。蒋先生也真是，他没有说假话，他后来也真是这样做了。他对我说：‘我不剿共，我不剿共了，我跟共产党合作！’”

“我是坚决反对内战的，假如我不这样做，恐内战更扩大。”张学良曾对宋美龄说：“耿耿此心，可质天日，敬请夫人放心。”“我们这次举动，把个人荣辱生死完全抛开，一切都是为了国家民族！”他还对周恩来说：“我张学良对你和毛先生的意见一向是很尊重的，既然中共都主张和平解决，那我还有什么话说。”张对美籍华人唐德刚教授说：“我没有搞《忏悔录》那玩意儿，我也没有去发表那个东西。”“如果重走一遍人生，我还会那样干。”“我问心无愧，我没有私心。我敢给你说，我做那件事（西安事变）没有私人利益在里头。我没有做过与我私人地位、利益有关系的东西，我没有。假使我自个有地位利益，就没有西安事变。我跟你说，我大权在握，富贵在手，我什么都不要。所以，蒋先生也能原谅我。我跟蒋先生是要钱，还是管他要地盘？我没有。牺牲我自己。牺牲我自己为什么？我第一个问题就是：不要打了，我说我们与共产党打什么呢？都是中国人，打什么呢？都是政治问题，不是不可谈的嘛，所以后来谈是我的主张。而且我对介公讲，我说共产党你也剿不了。他说为什么？我说共产党有人心，我们没人心。”可见，后悔之说，纯系捏造。

张 | 学 | 良 | 身 | 影 | 集
All About Chang Hsueh-Liang

[第六章]

迁徙两岸岁月幽　安居异邦思乡愁

一、迁徙幽居

历史证明，张学良送蒋返宁是为和平解决西安事变，不惜牺牲个人一切的义无反顾的行为。1937年2月16日，张学良部属田雨时随何柱国、王卓然去浙江奉化溪口探望张学良时，张学良回答田问为什么亲自送蒋介石回南京的理由时说：“（一）‘兵谏’有裨国是，所商圆满，挺身赴京理所当然；（二）防止大计有变，毋宁护驾前往，目睹一切落实；（三）……庶足澄清国际、国人舆论的误解，增强政府和蒋先生的威信；（四）无个人安全、被报复的顾虑；（五）万一变卦……就算负荆请罪；（六）既容纳谏，国事有望；终，纵即不利于小我，决非所计。”这是张学良对躬亲送蒋的原因、目的及意义的高度概括。

但是，心胸狭窄，睚眦必报的蒋介石，忘恩负义，自食其言，长期“囚禁”张学良。由于日本侵略者的不断进攻和国民党军队的节节败退，国土接连丧失，使张学良先后由南京宋子文公馆、孔祥熙公馆，辗转迁徙浙江奉化雪窦寺，安徽黄山温泉，湖南江西萍乡，湖南郴州苏仙岭、湖南沅陵凤凰山，贵州修文阳明洞、黔灵山麒麟洞、开阳刘育乡、息烽阳郎坝、桐梓天门洞，重庆戴公祠，台湾新竹井上温泉（也称清泉）等。直到蒋氏父子相继去世后的1990年6月1日，张学良才算获得自由。

张学良身陷囹圄，不忘爱国。他的《谒延平祠》：“孽子孤臣一稚儒，填膺大义抗强胡；丰功岂在尊明朔，确保台湾入版图。”以歌颂郑成功收复台湾的丰功伟绩，抒发其主张国家统一、反对分裂祖国的爱国主义思想。1991年6月，他与吕正操将军在美国会晤时再次提出，他愿为祖国的和平统一尽心尽力。可见其矢志爱国，始终不渝，深得华夏子孙景仰。

◎ 张学良幽居迁徙路线图（上图）

◎ 南京鸡鸣寺北极阁一号宋子文公馆。1936 年 12 月 26 日，张学良送蒋介石抵南京后下榻于此，只住了 5 天。（下图）

◎ 此为坐落于南京中山门外的孔祥熙公馆。1936 年 12 月 31 日张学良受审后在此暂住。抗战中公馆被日机炸毁。今为南京市牛奶供销公司所在地。（上图）

◎ 修复后的原“奉化中国旅行社”张学良旧居外景。1937 年 1 月 13 日，军统局戴笠、刘乙光等 4 人，和张学良乘专机由南京转奉化溪口镇，先住武岭学校，两天后移居此地，改名为“张学良先生招待所”。（下图）

◎ 张学良当年在奉化雪窦寺亲手种植四棵楠树中留下的两棵，枝叶繁茂。（上图）

◎ “真好吃！”张学良在溪口野餐（背坐者为许颖）。（下图）

◎ 1937 年，张学良与赵一荻等在浙江奉化溪口剪岩合影。

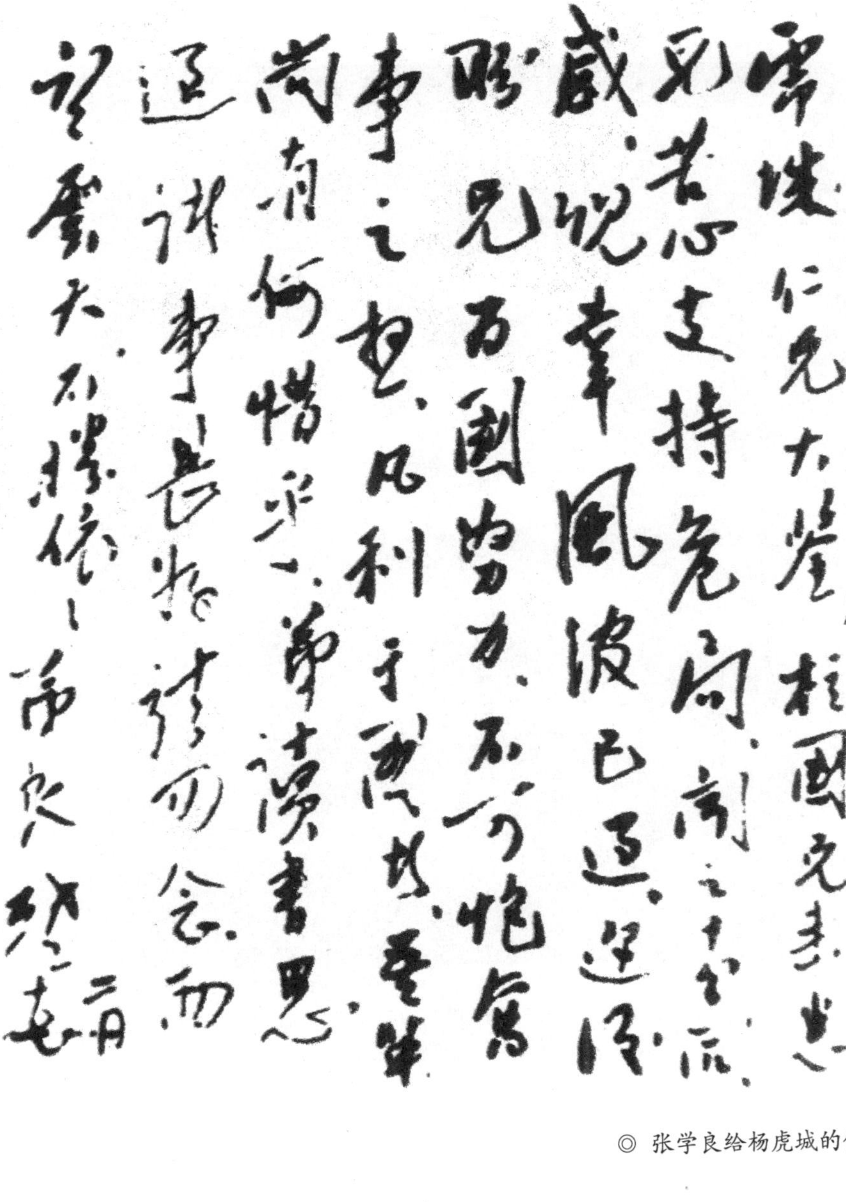
虎城仁兄大鉴：柱国兄来，悉兄苦心支持危局，剖之十分清。感悦。幸风波已过，望保照。兄为国努力，不可怕艰事之担。凡利于国家，吾辈尚有何惜乎。弟读书思过，诸事甚好，请勿念。而讯处大不胜依依。弟良顿首 二月

◎ 张学良给杨虎城的信

◎ 张学良在听涛居经常散步的地方。1937 年冬，张学良移居安徽黄山温泉附近的“居士林”。1956 年改为“听涛居”。张学良在此只住了 10 天。

◎ 江西萍乡绛园。1937年冬，张学良移迁至江西萍乡，住“绛园”，今为萍乡机关幼儿园。（上图）

◎ 苏仙岭公园大门。1938年1月，张学良一行迁至湖南郴州苏仙岭。（下图）

◎ 坐落于苏仙岭内张学良居室外面的少帅亭（左图）

◎ 1938 年 2 月，张学良一行移居至湖南沅陵凤凰山上的凤凰寺。此为凤凰寺大门。（右图）

◎ 张学良居于凤凰寺此楼的二层（右上图）

◎ 1939 年 11 月，张学良又迁往贵州修文县阳明洞。（右下图）

陽明洞

◎ 张学良在王阳明纪念祠堂住过的小楼，他住二层。（上图）

◎ 贵阳市黔灵山公园内的麒麟洞大门。门旁有“爱国主义教育基地”标牌，门首刻有江泽民题写的“麒麟洞”三字。（中图）

◎ 张学良在麒麟洞的住所（下图）

◎ 1941 年 5 月，张学良因患阑尾炎住进贵州中央医院，两次开刀，出院后迁往贵州著名风景区黔灵山麒麟洞（在今黔灵公园内），今被贵州省确定为爱国主义教育基地，有张学良事迹展，供游人参观。图为张学良（右一）和赵一荻（右二）在贵州黔灵山麒麟洞与监视他的人们合影。

◎ 1942 年 2 月底，因张学良居住在麒麟洞的消息被传出，张又被转移到贵州开阳刘育乡。此为张学良居住地门前的小池塘，他曾在此钓过鱼。

◎ 张学良在贵州开阳县刘育乡用过的水井。当年的住房早已被毁。（右上图）

◎ 1944 年春，张学良迁移至距息烽附近 15 华里的阳郎坝，当时杨虎城将军也在附近幽居。他们近在咫尺，互不相知。（右下图）

息烽集中营旧址
参观示意图

◎ 1944 年冬，张学良迁至贵州桐梓县天门洞小西湖。张学良与莫德惠在小西湖钓鱼。

◎ 监视张学良的特务队在小西湖上合影（上图）
◎ 立于贵州桐梓县天门洞张学良居住处遗址上的石碑，上书“张学良将军幽禁处”。（下图）

◎ 1946 年 11 月，张学良移居重庆歌乐山戴笠公馆。此公馆原为蒋介石修建，蒋很少来此，先后有梅乐斯等人居住。戴笠死后，重庆的军统特务们为戴设灵堂，遂称“戴公祠”。杨虎城也曾在此被囚禁过，并被害于此。现为张学良、杨虎城囚禁生活展览馆。

◎ 1946 年 11 月，张学良在戴公祠暂住十余天后，被迁至台湾新竹县井上温泉。该地又称清泉。旧址原为日本时代的井上（冈山）温泉，为日警专用温泉疗养所，发现于 1912 年（日本大正元年），名声显露，现仍有日本观光客慕名前来。当年张学良到此后，就改为军方管制区。此为张学良在井上温泉的居住地旧址。

◎ 张学良在台湾井上温泉留影

◎ 居家早餐，黄油面包，鸡蛋是自养的鸡下的。

◎ 赵一荻在台湾井上温泉养鸡（上图）

◎ 台湾高山族独特的装束，让赵一荻也刻意当了一回“模特”，成了赤脚大仙。（下图）

◎ 1947年10月，张治中夫妇到台湾井上温泉看望张学良。张学良托张治中向蒋介石提出两点要求：（一）恢复自由；（二）希望刘乙光搬出本该他居住的房子。张治中的此次探访，引起蒋介石不快。下令以后非经他批准，任何人不得见张学良！图为张治中（右一）与张学良合影。

◎ 1947 年，张学良在井上温泉和前去看他的周鲸文合影留念。（上图）

◎ 张学良（左）在井上温泉与熊仲青（中）、陈排长（右）合影。（下图）

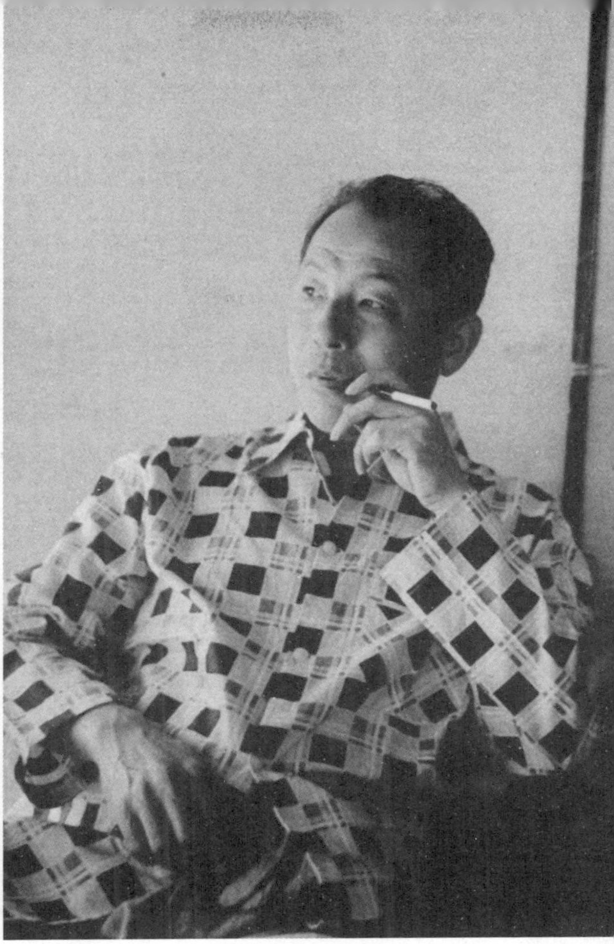

◎ 也许是孩子不在身边，张学良对身边的小动物倾注了更多的关爱。图中，张学良的目光流露出对小狗的关爱与呵护。（左图）

◎ 除了读书和户外散步外，很多时候张学良总是呆坐在屋内，泡上一杯茶，点着烟，静静地遐想，在缭绕的烟雾中，放纵无边的思绪。（右图）

◎ 20世纪60年代初，张学良（中）、蒋经国（右）、刘乙光（左）在台湾北投留影。

◎张学良长期幽禁在住所内（台北新北投70号）。左为《张学良政治生涯——一位民族英雄的悲剧》作者、美籍华人傅虹霖女士。右为看守张学良的人。（1987年摄）（上图）

◎张学良住所对面的警察所。（1987年11月，傅虹霖赴台采访时摄）。图中人为专门看守张学良的警察。（下图）

◎ 1986 年 3 月，张学良夫妇（后站立者）与张群同游台湾“小人国”。

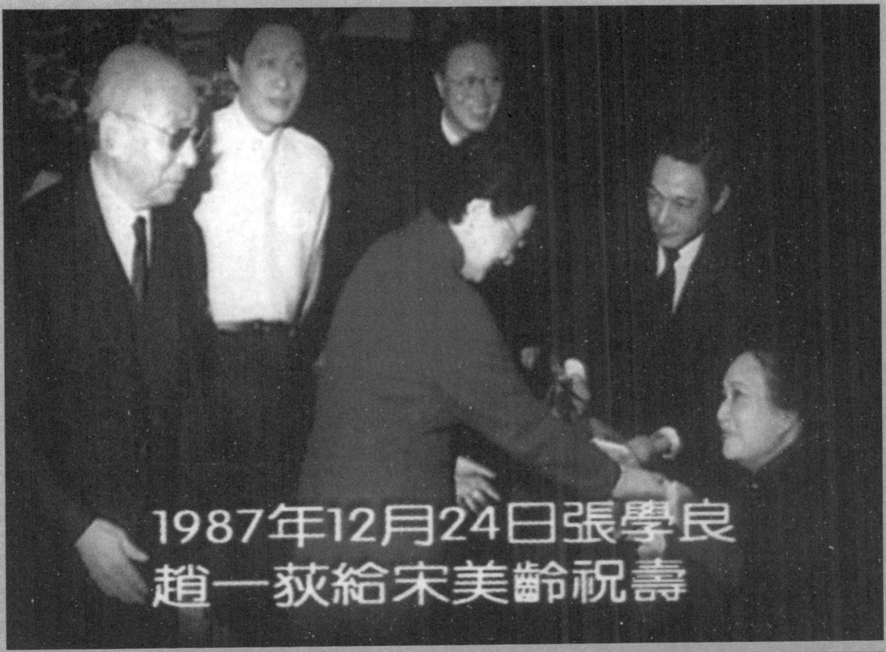

◎ 1987 年 12 月 24 日，张学良、赵一荻给宋美龄祝寿。（上图）
◎ 宋美龄送给张学良的亲笔书画——兰花（下图）

◎ 1989年3月，张学良与《张学良在台湾》一书作者郭冠英合影留念。

二、两岸庆华诞

1990年6月1日，在台湾由张群领衔发起，各政要参加，于台北园山饭店12楼昆仑厅，为张学良将军公开庆贺九秩大寿。

正午12时，参加祝寿的各方人士齐集一堂。张群宣布寿典开始并致词："我和张学良先生在东北、华北、华中和抗日初期，同生死共患难，是60年的老朋友，今天不但为老友祝寿，还写了一篇祝寿文。"文中称赞张学良早年在日本帝国主义威胁之时"以国家统一为重，力排众议，改悬青天白日满地红国旗"，"其治军也采寓兵于农方针"，"其理政也尤重民生疾苦"，"又以发展教育，提倡科学，培养人才，为建设要务"。"先生得天独厚，阅世方新，今岁6月之吉，寿跻九秩，同人等或谊属桑梓，或情殷袍泽，或为著籍之门生，或为缟纻之故旧，永怀雅谊，愿晋一觞，谚有之曰：'英雄回首即神仙'，其先生之谓欤！至于南山北山台莱之什，不足为先生诵也。"

张学良54年来，首次公开答谢关心他的人，他致答词："……我真是愧不敢当，虚度了一生，对国家、社会、人民毫无建树。我自己感觉万分惭愧，张学良何德何能，蒙各位亲友替我做寿。……唯一可以告慰亲友的，是现在一切的生活，蒙耶稣基督的慈爱，上帝的恩典，能站立活着，我自己从来没有想到能活九十岁……"他说："我现在虽然老了，但我仍未昏愦，听力虽然不大好，但并未全聋，视力虽然减退但我还没有瞎。这一切都要感谢上帝，在诸位亲友之面前给上帝作证……""假若上帝有意旨，为国家，为人民还能效力的地方，我必定尽我的力量。我能做到的地方，照着我年轻时一样的情怀去做，只是我已经老了！"

当陈立夫被记者问到，这一祝寿活动是否意味着给张学良平反时，他想了想才说："西安事变已经过了半个世纪了，没有反，哪有平呢？""国民党党史会主任"秦孝仪也说："张先生目前已是自由之身，没有什么平不平反的问题。"但是，许多人持与此相反的意见。曾任东北大学代校长的宁恩承认为，张学良一生多姿多彩，坎坷不平，今天是欢乐收场，当然是平反。张学良的儿子张闾琳说，父亲很久以来一直心平气和，是不是获得平反也无所谓了。

是日，赵一荻撰写《张学良是怎么样的一个人》，文称"张学良是

◎ 1990年6月1日，张学良的80位好友及亲属邀请各界人士在台北圆山饭店为张学良做九十大寿。这是西安事变以来有关人士首次公开为张学良做生日。图中从左至右分别为：张群、张学良、赵一荻。

◎ 1990 年张学良（前排右二）和赵一荻（前排右一）在九十大寿庆贺会上合影

◎ 张学良夫妇在张学良的九十大寿庆贺会上留影

◎ 1990 年 6 月 1 日，张学良在台北与美国东北大学校友会会长张捷迁（右一）合影。

一个非常爱他的国家和他的同胞的人。他诚实而认真，从不欺骗人，而且对自己所作的事负责，绝不推诿。……他之参加内战，不是为名，不是为利，也不是争地盘。他开始是为了遵行父亲的意愿，后来是服从中央的命令，实在是不得已而为之。……在皇姑屯，他的父亲被日本人谋杀之后，他就放弃他的地位与权力，毅然易帜与中央合作，使国家能够统一，希望全国能团结起来，一致抗日。……“九一八事变之后，日本占领了东北，他就不忍看到自己的同胞互相残杀，削减国家抗日的力量，所以他就主张停止内战，团结抗日。他并不爱哪一党，亦不爱哪一派，他所爱的就是他的国家和他的同胞，因为任何对国家有益的事，他都甘心情愿地牺牲自己去做。”

是年6月6日，在沈阳由张学良暨东北军史研究会、张学良研究基金会、东北大学北京校友会、沈阳校友会、东大在美校友会等八团体发起，有2000多人参加，在辽宁大厦隆重庆贺张学良九十大寿，由9个金色寿字围绕张学良画像的巨幅会标，悬挂在会场的主席台中央。上午9时，东北大学沈阳校友会理事长李正风宣布开会，沈阳军区乐队奏《怀念张学良将军曲》，与会人员全体起立，敬祝张将军健康长寿，向张将军画像三鞠躬；东大北京校友会理事长郭维城致开幕词；东北大学沈阳校友会名誉理事长宋黎致祝寿词；中共辽宁省委书记全树仁、张学良的部属吕正操、卢广绩、杨虎城将军的儿子杨拯民、西安事变时的中共代表团成员童小鹏、杜重远夫人侯御之、张学良将军的家属代表等先后讲话。

◎ 在沈阳举办的张学良九十大寿庆贺会会标

◎ 在沈阳举办的张学良九十大寿庆贺会主席台上就座的有：（从右至左）李涛、平杰三、江雍辉、吕正操、全树仁。

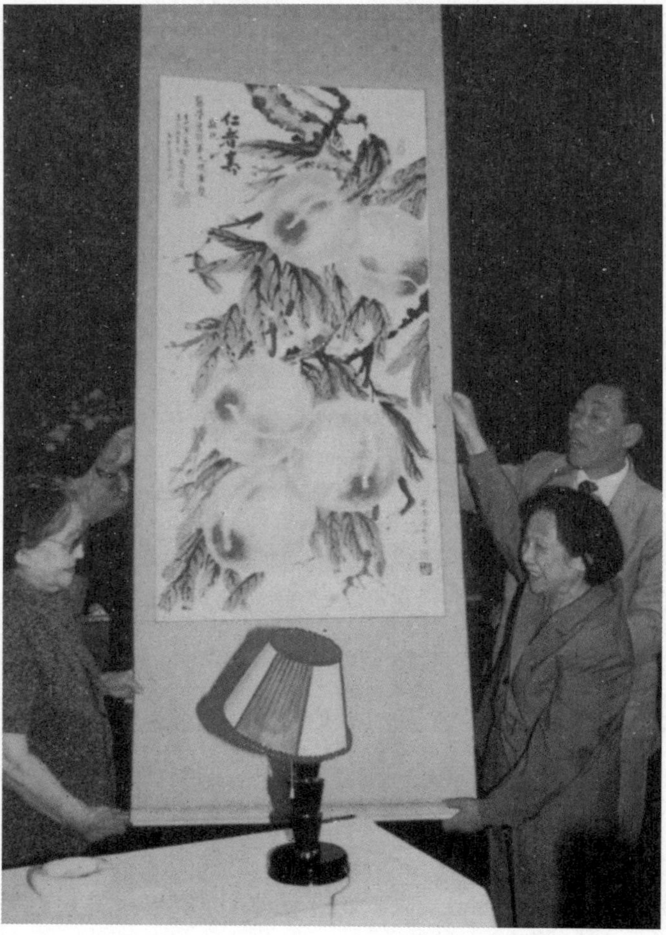

◎ 在沈阳举办的张学良九十大寿庆贺会主席台上就座的有：（从右至左）万绍芬、郭维城、李长春、卢广绩、郭峰、戴苏理。（上图）

◎ 张学良的亲属张怀青（左一）和张学思夫人谢雪萍（右一）代表张学良接收寿礼“仁者寿”寿桃图。（下图）

◎ 张学良八弟张学铨一家在张学良铜像前合影留念。右二为张学铨，左一、左二为其子女。

◎ 杜重远的女儿杜颖、杜义和张学良的八弟张学铨（右一）在一起合影。

大会通过致张学良将军祝寿电：

汉公钧鉴：

今天，我们在沈阳集会，庆祝您的九十寿辰，心情十分激动。出席今天会议的有：您的亲属故旧、在您身边工作过的人、原东北大学各级领导人、受过您教诲的东北大学校友、原东北军政界著名人士的家属、子女；您兴办的学校和有关企业事业热心人士的代表，以及各界来宾。我们来自海外和祖国各地，大家都感到能参加祝寿活动，乃一生幸事。同时又深感您未能亲自回乡办寿为憾。您和杨虎城将军领导发动的西安事变，震惊中外，壮举空前，薄海同钦，均发挥了重大作用。西安事变堪称中国近代历史上的重要转折点。您功在国家，功在民族，中共中央领导高度评价您为“民族英雄”、“千古功臣”。我们以有您这样一位世界性的伟大人物而感到自豪。您谦虚为怀，爱人以德，大公无私，以德报怨的高贵品德永远值得我们学习。您的教导，虽历尽磨难，永不或忘。我们殷切希望能早日与您团聚。愿您能亲自目睹大好河山一片春光，祖国建设，日新月异。山高路远，怀念无限，云天阻隔，乡思难断。我们深信，与您会晤之期，已非遥远。

谨此电达，并三祝健康长寿！

◎ 辽宁省戏曲学校的学员们为张学良九十寿庆大会做专场演出（左上图）

◎ 张学良与杨虎城的亲属在参观祝寿图片、书画展后的帅府前合影。自左至右在前排就座的有：张鹏举、谢雪萍、杨拯民（杨虎城的长子）、张怀青（张学良三妹）、李大壮；后排右起一、二、三均为张怀青之女，右四、五、六分别为王秦、于杰、高存信。（左下图）

三、他乡自由身

1990年6月1日，台湾各界为幽居54年的张学良公开祝寿，引起国内外舆论的广泛关注。有人说此举有为张学良平反之意，官方却矢口否认。8月份张学良又接受日本NHK采访组的采访。他以战略的眼光，从历史的宏观角度对日本青年提出了语重心长的忠告：要牢记历史教训，维护中日友好世代相传。他说："日本与中国要互相协作，日本要能帮助中国才行。但是，过去日本光想用武力吞并中国。所以我现在劝日本，可千万不要再有这样的思想。年轻一辈也不要再有这样的思想。……我愿跟日本青年说几句话。要多想想日本过去的错处，不要再想过去日本的威风。……我希望日本，不但是青年，尤其是负责的人，要有这样的决心：不但能原谅人，还要体谅人。你要想跟人家合作，你别想你好像牺牲了点什么。你并没有牺牲啊！你的牺牲就是你的所得。我们基督徒有一句话：'施比受好'。""日本不要搞军事侵略，也不要搞经济侵略。""我对世界青年抱有希望。我希望世界上的青年能在文化、科学、经济等方面互相协力、互相理解。我盼望世界的繁荣与和平。"

1991年，张学良还对采访他的台湾记者讲："人生的主要目标不是为了钱，钱不是第一位的，第一位的应是想想自己为国家、为社会、为人民做了点什么，有什么贡献，甚至更高尚一点，你对世界做了点什么。在人生三不朽（即立德、立功、立言）方面有什么建树没有。"可见这位年逾九旬的老人，其思想境界不减当年。

1995年张学良与赵一荻定居美国夏威夷。对外说明的理由是，那里的气候更适合于他们，台湾气候潮湿一直为他们夫妇所苦。另外，他当年的一些老朋友张群、张大千、王新衡等也都先后故去，这也是他留美定居的原因之一。

离台之前，张学良就把藏书捐给东海大学，将家具分赠在台的至亲好友，房产出售他人，并声明不再返回台湾，但没有放弃重返东北老家的愿望。

从此，每年都有海峡两岸及海外华人在夏威夷为张学良将军贺岁祝寿。

◎ “三张”合影照。左起：张学良、张大千、张群。（上图）

◎ 1990年12月，张学良在俯视老朋友张群灵位。（下图）

◎ 1993 年，张学良赴美探亲。他的挚友宁恩承（前排中）和他的学生方庆瑛（前排右）到旧金山机场迎接。拿帽者是张学良。（上图）

◎ 1993 年，张学良夫妇在旧金山机场由服务人员协助坐轮椅出机场大厅。（下图）

◎ 1994 年，张学良在夏威夷向阎明光展示他打麻将时赢的小钱。

◎ 1995 年，张学良的学生方庆瑛与女儿雷平（后排站者）与张学良夫妇在夏威夷合影。

◎ 1995年，张学良（前左一）、赵一荻（前右一）与美籍华人邝友良（后左一）夫妇合影。（上图）

◎ 张学良95岁华诞时辽宁海城百万乡亲向张将军敬献的花篮（下图）

◎ 1996 年张学良与赵一荻在生日蛋糕前。张学良指着蜡烛说：“我一口气能把它吹灭。”（上图）

◎ 1997 年 6 月，宁恩承（左）祝贺张学良 97 岁生日时，赠送张学良一个能在磁盘上行走转圈的彩色戏剧武生。两位世纪老人童心笑开颜。阎明光（右）在操作这一精美的礼品。（下图）

◎ 1997 年 6 月，张学良在海边散步时，给雷平（前左）、阎明光（前右）等讲故事，说他是在艰难困苦中诞生在马车上，并抚摸着自己的头让大家看，说因为马车晃荡，现在还留着凹凸不平的痕迹。还满怀尊敬与思念的心情说到他母亲的刚强与智慧。

◎ 1997 年阎明复夫妇（后左二、三）和张学良在一起合影

張學良將軍九十八歲華誕
美國中國東北同鄉會主辦 1998年 夏威夷
壽

◎ 1998 年 6 月，王秦（右一）向舅公展示张冠英（即张学良的大姐）的遗像。（上图）

◎ 1998 年 6 月，王秦（右一）及丈夫于杰（右二）和张鹏举、吴量绩夫妇（右三、四）在夏威夷向张学良敬献祝寿字画。（下图）

◎ 1998 年 6 月，阎明复（拿麦克风者）在夏威夷张学良将军 98 岁华诞庆贺会上致贺词。（左上图）

◎ 1998 年 6 月，著名剧作家王朝柱与两岸三地的有关人士参加张学良的祝寿活动，并与张学良夫妇合影留念。前坐者左一为赵一荻，右一为张学良，后排站者左二为王朝柱，右一为王秦，右二为张学良的侄子张鹏举（张学铭之子）。（左下图）

◎ 张学良夫妇与前来参加祝寿活动的各界来宾合影留念，站着讲话的是赵一荻。（上图）

◎ 1999年6月11日，恰逢阎明光生日，张学良及儿子、儿媳（后站者右二、三）张闾琳夫妇和她在一起合影留念。（中图）

◎ 1999年6月，张学良将军在观赏他喜欢的那只会说“哈罗”的鹦鹉。图中，杨虎城之孙杨瀚在给张学良拍照。（下图）

◎ 杨虎城之孙杨瀚（左）与女儿（右）和张学良合影于夏威夷华人第一基督教堂（上图）

◎ 阎明光与张学良在夏威夷留影（下图）

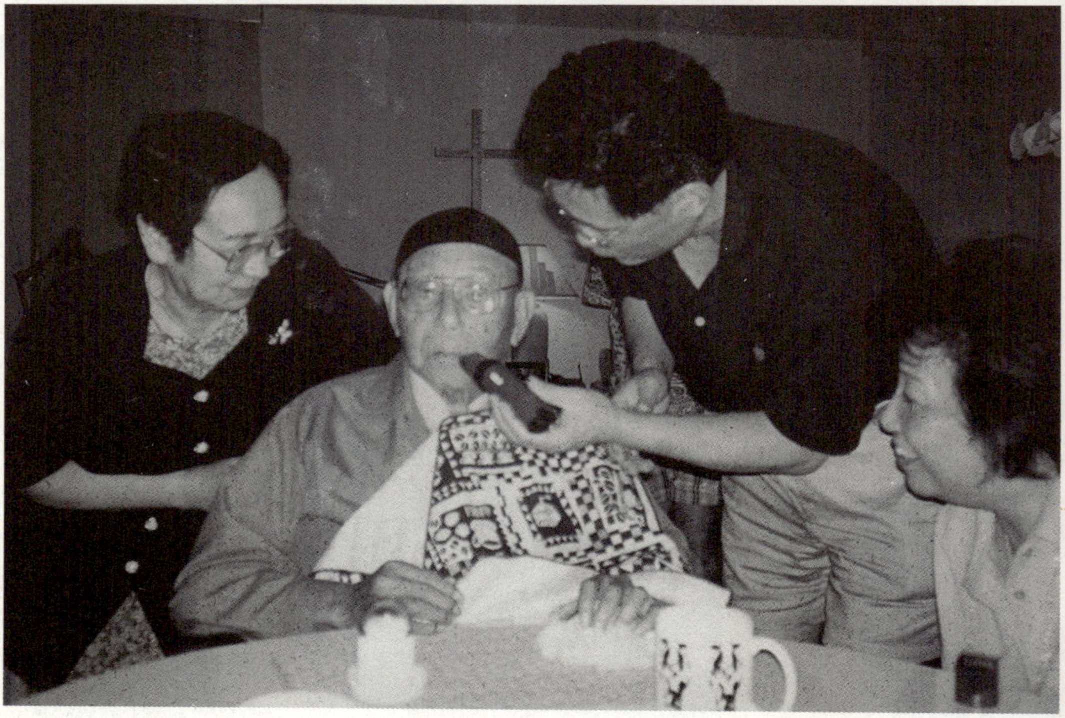

◎ 1999年6月，杨虎城之孙杨瀚（左一）、张闾芝（左二）、阎明光（左三）、张闾蘅（左四）与张学良在夏威夷合影。

◎ 赵一荻（左一）给阎明光、张闾蘅讲当年大帅府的一些故事。（左上图）

◎ “我不刮胡子！”1999年6月，在张闾蘅、张闾芝、阎明光的劝说下，张学良极不情愿地同意让照顾他起居的捷木斯给他刮胡子。（左下图）

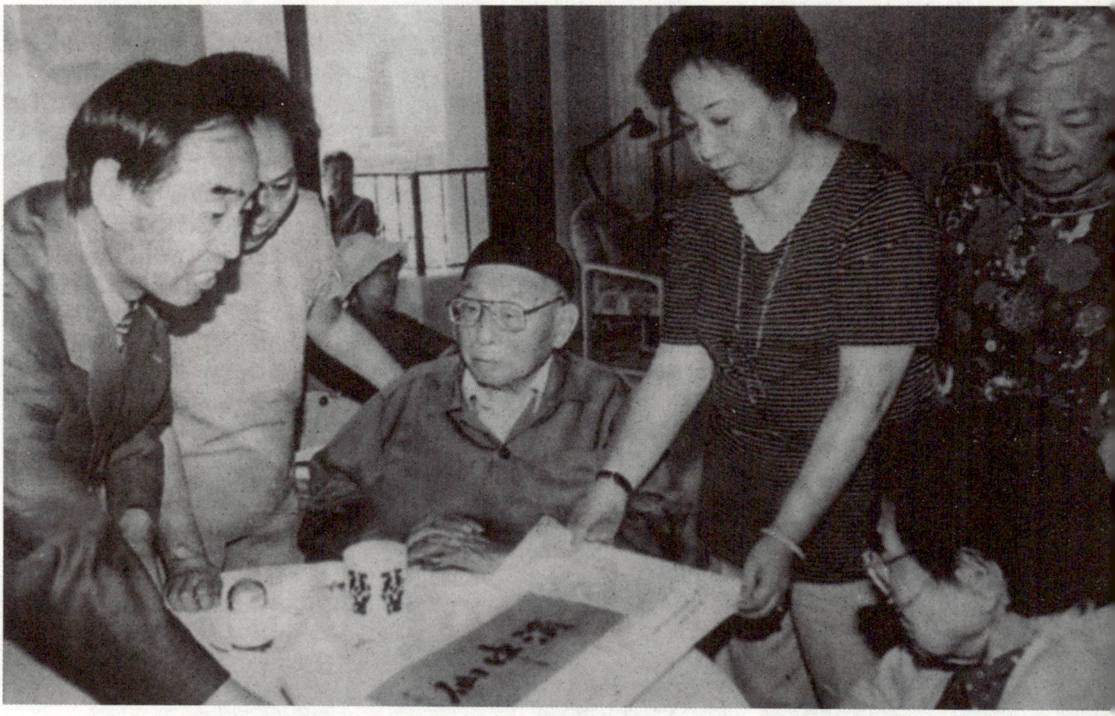

◎ 1999 年 6 月，张学良在夏威夷观看他当年为锦州凌川酒厂题写的“酒中仙”手迹。

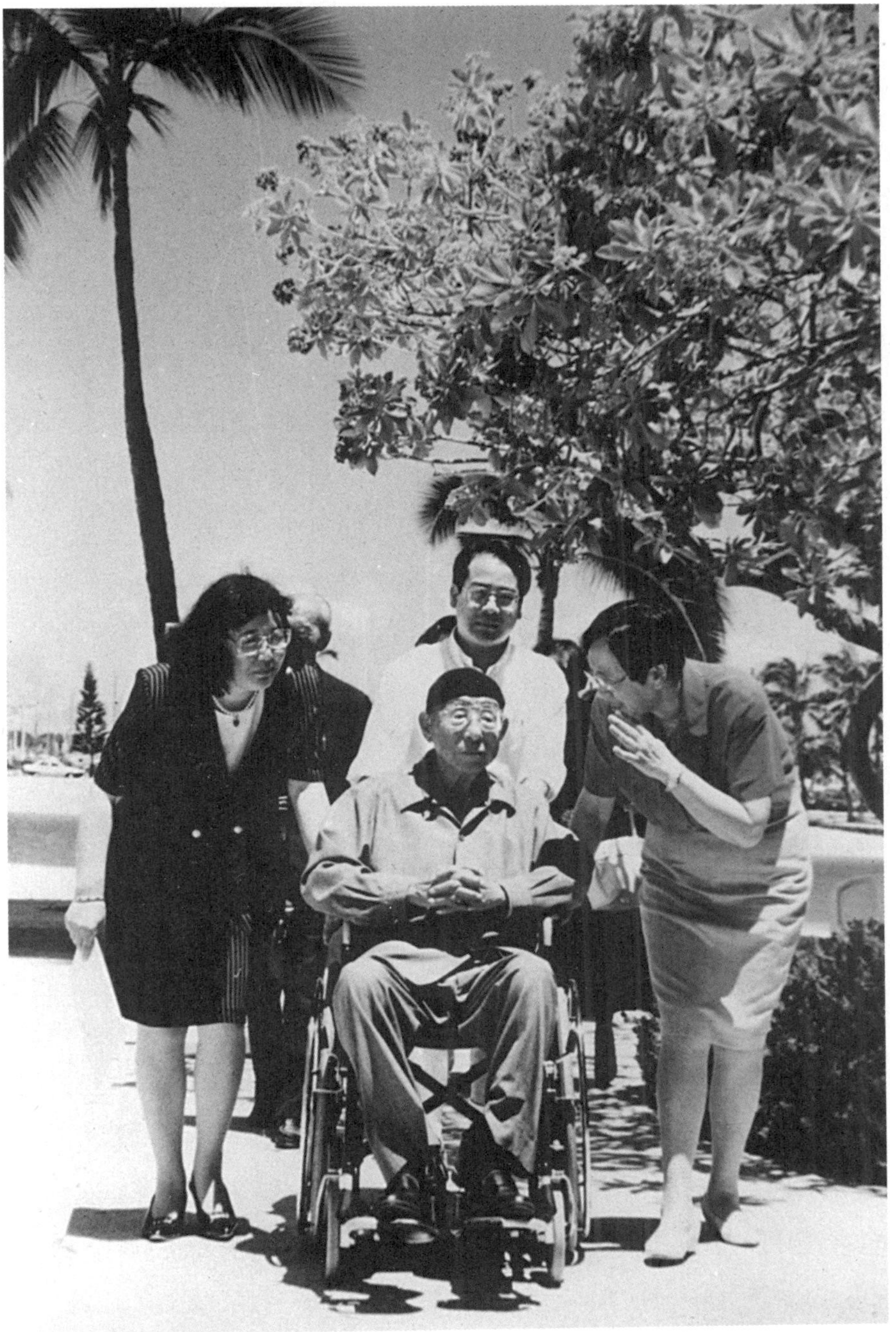

◎ 张学良（前中）与阎明光（右一）、雷平（左一）在夏威夷海滩合影。推轮椅者是张学良的孙子。

四、乡情思绪

张学良自九一八事变后，流亡关内。他昼思夜想，收复东北，返回故乡，以雪家仇国恨。为停止内战，一致抗日，他与杨虎城将军发动西安兵谏，促成第二次国共合作，实现全国抗战。从此张学良身陷囹圄，销声匿迹。尽管他多次要求参加抗战，都未获蒋介石批准。他有家不能归，有仇无法报，成为终生遗憾。他幽居孤岛数十年，思念家乡，渴望回归故里。

1970年，张学良挥毫书录唐代诗人李商隐的“无题”诗作，赠给台湾《自立晚报》副社长罗祖光，以寄情怀：

“来是空言去绝踪，月斜楼上五更钟。梦为远别啼难唤，书被催成墨未浓。蜡照半笼金翡翠，麝熏微度绣芙蓉。六郎已恨蓬山远，更隔蓬山一万重。”

诗无题，人有情。

这首诗原为李商隐描写男友怀念远隔天涯的情侣之作，张学良别具匠心地认为与“举头望明月，低头思故乡”的情景有些相似，结合自身说，第一句指送蒋回京归路告断。第三句指在鸡鸣寺幽禁，啼难唤不正是鸡难鸣吗？第四句指张治中催其写信给蒋要求出去。第五、六句从点油灯，居陋室，回想以前的豪华生活都成为五更一梦。至于第七、八两句是痛恨日军侵占东北，不能还乡，用蓬山暗指家乡。如此解释毫不牵强。从叱咤风云的将军变成抒写心情的墨客，幽思苦绪，哀而不怨。张学良曾对记者讲：“东北是我的老家，我家的祖坟也在那里，我当然愿意回到大陆。”他在大陆家乡的亲朋故旧，也常常想念他。

◎ “我的家在东北松花江上，那里有森林煤矿，还有那……” 1993 年 2 月 10 日，郭冠英的女儿在给张学良唱《松花江上》。

1990年6月27日，吕正操致函张学良：

汉公钧鉴：

杨尚昆主席接见张学森一家情况谅已祥知。我于上月去沈阳参加海岫铁路通车典礼，见到不少东北大学和学兵队队员。他们提出：明年我公满九十寿辰，又值“九一八”六十周年，望能回家乡看看。中央领导亦有此意。不知我公意下如何？此外李、郝二位是否有此雅量，请酌情处之。如能来不必多虑。届时会有妥善安排。

……

1991年3月29日，张学良的另一老部下，原东北大学代校长宁恩承从美国给阎明光发来电传："汉公亟愿见见你和明复，谈谈玉衡（阎宝航，字玉衡，系阎明光、明复姐弟的父亲。阎明复曾任中央统战部部长）基金会和统一问题。即请办理来美手续，早日相晤。"4月6日，张闾蘅从美国来电话，转达张学良的意见，希望吕正操、阎明复、阎明光能去美国见面。

是年5月下旬，吕正操、阎明光等赴美为张学良庆贺91岁寿诞时，带去了大陆人民及中央领导的问候，希望他在方便的时候，回大陆走一走，看一看。同时转交了邓颖超给张学良将军的亲笔信。

邓颖超希望张将军"善自珍重，长寿健康，并盼再度聚首，以慰故人之思耳！"张学良在给邓颖超的回信中称："寄居台湾，遐望云天，无日不有怀乡之感，一有机缘，定当踏上故土。"

他应邀专程到中国常驻联合国代表团团长李道豫大使的别墅再次会见吕正操，并与我公使徐佩君女士会面。当时阎明光给张学良介绍，说上海有位赵东升大夫，人称"东方一只眼"，治疗眼疾颇有成效。张学良当即表示："我有个决定，想回大陆看看眼睛。"何时起程呢？张将军说："此次不能直接从美国回去，要先回台湾征得李登辉同意，再确定回大陆的时间与日程。咱们东北人有话直说，我打这一直回大陆，谁管了，没人管住我，可是我不能这样做。""我回去以后跟李登辉把话说明白，大陆是我的家乡，我在台湾跟寄居一样，我愿回去看看，我这不是借词，我要看看眼睛，看他是什么意见，如果李登辉不反对，我再回大陆。"吕正操表示："你何时回来治病、探亲都可以，我们尊重你的意见，并可提供各种方便条件。"张将军说："我可千万不要特权，我是个平民百姓。""我是要回去，也要先跟大陆约法三章，头一条就是不要欢迎，不要见记者，大家经常见面都可以，但千万不要来恭维那一套，给我点方便我就很高兴了。"他引用"鹤有还巢梦，云无出岫心"两句诗来表达他既想回家看看，又不愿过分张扬的愿望，并应阎明光的恳请，将这两句诗赠

◎ 1991年6月，张学良与吕正操、阎明光在一起亲切交谈。

给她。吕正操说：“不见记者可以，但你一下飞机，老百姓就会认出你来，围住不让你走。”张学良说：“我不怕老百姓，我高兴见老百姓，我不喜欢见记者。”吕正操说：“我保证，你说怎么行就按你的意见办。”

1992年9月，张学良将军在台北接见大陆记者新闻团的采访。他表示，在祖国统一大业上，愿意做出自己的贡献。全国人民在电视中看到张将军，他虽高龄，但身体健康，精神矍铄，乡音未改，爱国之志没变。人们对他更加景仰、更加期盼他早日回归故里。

1995年6月18日，辽宁省委、省政府在沈阳举行阎宝航一百周年诞辰纪念会，张学良将军要他的儿子张闾琳及夫人专程到沈阳出席这次纪念会，并为《阎宝航传》题名，还赞助“阎宝航教育基金会”5000美元，并给捐建的海城中学图书馆题名“益智馆”。

1996年，张学良的孙子张居信（电脑专家）应邀到北京参加纪念西安事变60周年大会，受到中央领导同志的接见，并合影留念。

1998年12月24日，张学良与赵一荻分别致函沈阳张学良旧居陈列馆，表示感谢。

1999年春，张学良通过程嘉禾牧师把10幅字画转赠给陕西三原县的张冠儒牧师，张牧师又把这些赠画分赠给陕西省文史馆和西安事变纪念馆。

大陆的老百姓和中央历届领导，如同张学良将军思念家乡一样，一直在关心、思念张学良这位爱国爱民的千古功臣。

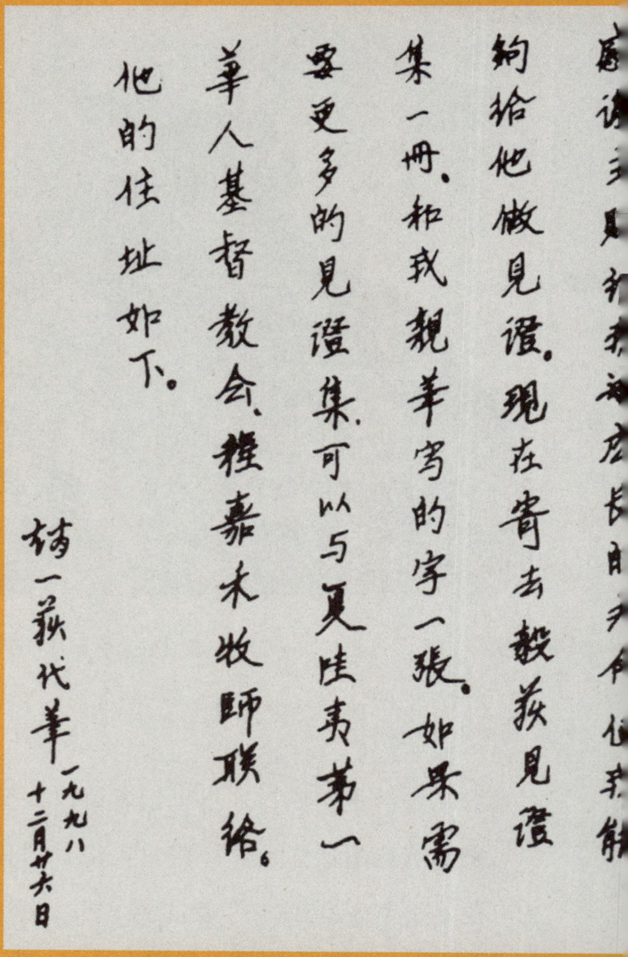
夠給他做見證。現在寄去毅荻見證
集一冊、和我親筆寫的字一張。如果需
要更多的見證集，可以與夏威夷第一
華人基督教會、程嘉禾牧師聯絡。
他的住址如下。
趙一荻代筆 一九九八 十二月廿六日

◎ 1998年12月26日，张学良向“张学良旧居陈列馆”回赠书籍和题字，信件通过赵一荻代笔回函。

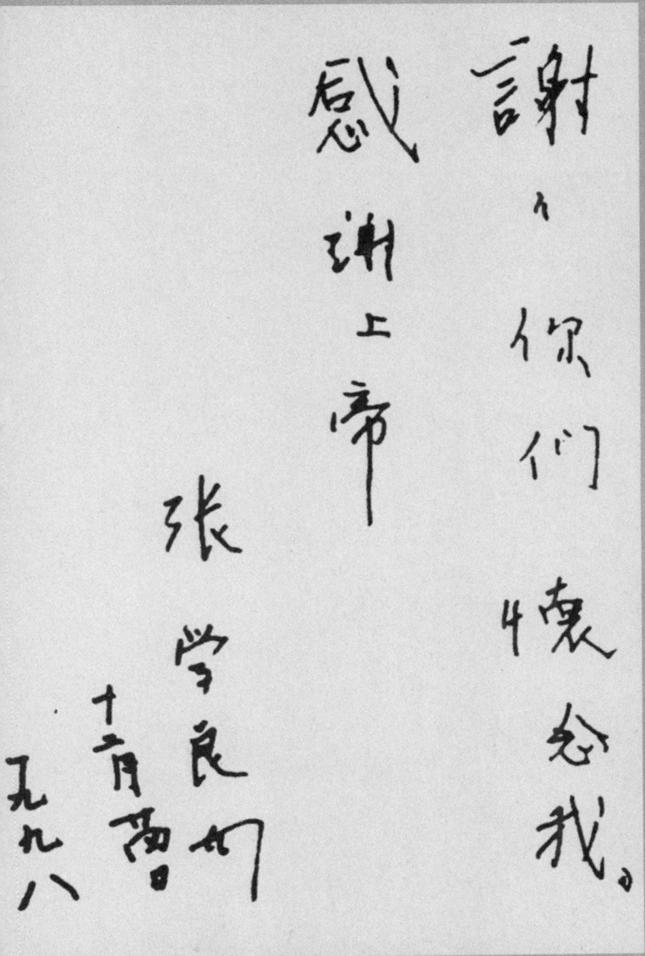

◎ 1998 年 12 月 24 日，张学良接到张学良旧居陈列馆的圣诞贺卡后，为陈列馆回赠墨宝。（左图）

◎ 1999 年春，张学良通过夏威夷的程嘉禾牧师转赠给陕西三原县张冠儒牧师 10 幅字画。张冠儒又分赠给陕西省文史馆和西安事变纪念馆。这是赠画之一。（右图）

◎ 张学良将军赠画之二

◎ 辽宁省台安县人民捐资铸造的张学良铜像，坐落在县中心广场上。

◎ 1999 年 5 月 30 日，辽宁海城同泽中学举行庆祝张学良九九华诞大会。校长宗启业在大会上讲话。

当年周恩来竭尽全力营救张、杨二将军。新中国成立后，周恩来不仅对他们在大陆的亲朋故旧给以关心、安排，而且时刻关注着幽居孤岛的张将军，并通过朋友给他传递信息称：“善自珍摄，修身养性，前途有望，后会有期。”

张学良在大陆工作、幽居过的地方，大多都被各级人民政府定为爱国主义教育基地。举办张学良将军爱国事迹展览，供中外人士参观。1991至1992年国家和辽宁省两次拨专款修复张学良旧居，并成立张学良旧居陈列

◎ 1999年5月30日，张学良暨东北军史研究会、张学良旧居陈列馆等在沈阳同泽中学举行庆祝张学良九九华诞大会。张学良研究会会长张德良在会上讲话。

馆，让它以新的姿态，迎接国内外的张将军的来客。现在每年到此参观的各方人士都在10万多人次。

张学良将军一直关心、支持家乡的教育事业，同意恢复东北大学，并受聘担任名誉校长、为东北大学题写新校名。在台湾和美国的夏威夷，他先后接待过大陆的学者、记者、艺术家和东北军史研究会的领导、东北大学领导及家乡“父母官”等。

◎ 张学良为东北大学复校暨70周年校庆题词（上图）

◎ 张学良为海城同泽中学题名。图为方庆瑛与宁恩承为新校名揭幕。（下图）

◎ 1992年12月11日，西安兵马俑研究所研究员徐卫民（后排右一）在台北与张学良合影留念。

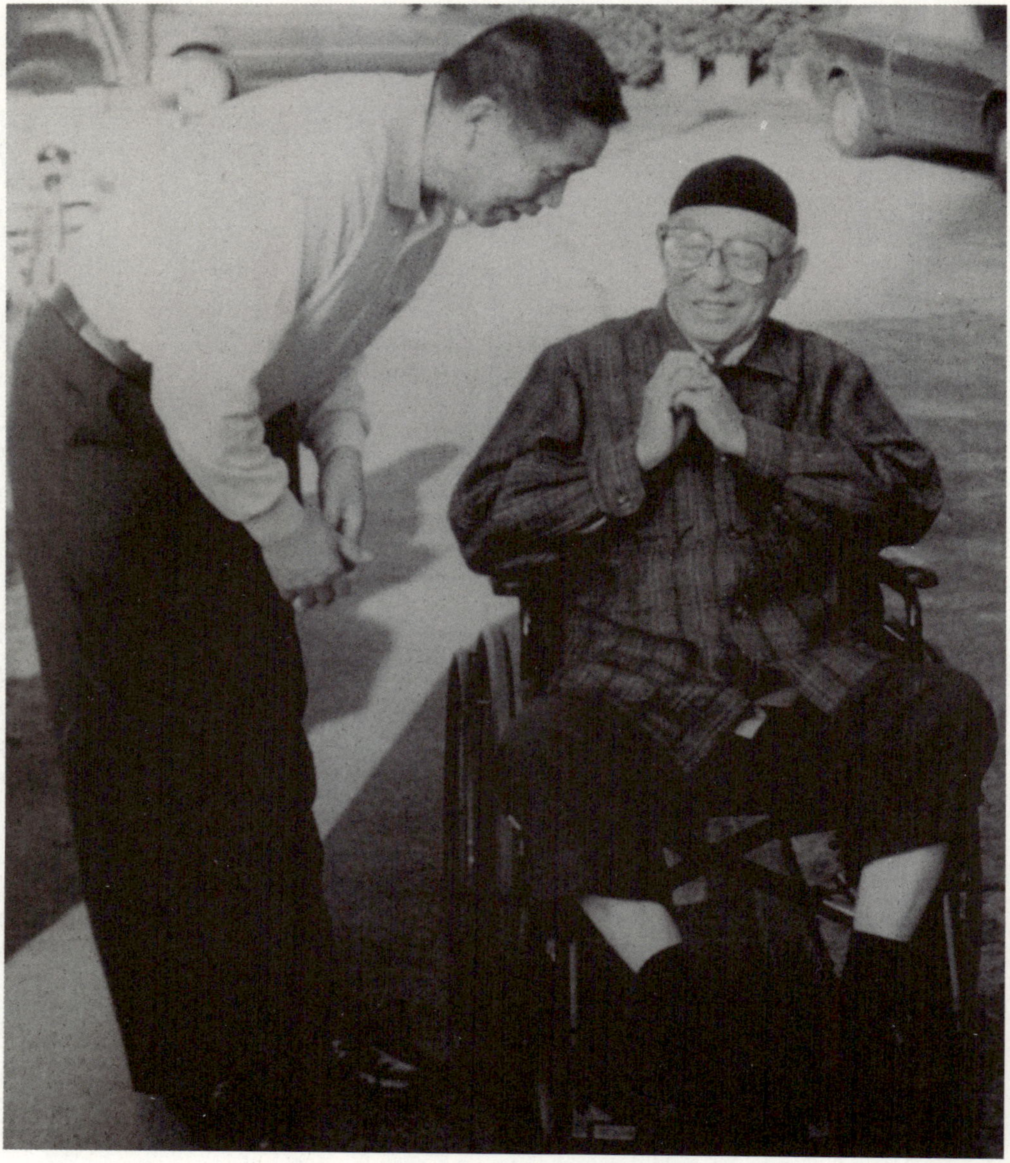

◎ 1998 年 1 月，本书作者张友坤教授在夏威夷向张学良赠送《张学良年谱》时说：“您在大陆居住过的地方，大多数都被各级人民政府确定为‘爱国主义教育基地’，大陆的老百姓都很想念您，大家都希望您能回大陆老家看看。”张学良将军拱手说：“谢谢他们！”

◎ 1993 年 7 月 28 日，著名笑星、小品表演艺术家黄宏在台北与张学良将军合影留念。

◎ 1995 年 3 月 26 日，张学良暨东北军史研究会秘书长周毅（右一）向张学良赠书。左站者为张学良暨东北军史研究会副会长赵双城。

◎ 辽宁海城县委书记张海宽在夏威夷与张学良将军合影留念。

张 | 学 | 良 | 身 | 影 | 集

All About Chang Hsueh-Liang

[第七章]

墨宝兰花冶性情　心醉国粹京戏迷

一、墨宝刚劲秀

张学良受中国传统文化影响，爱好颇多。论及书法，他自幼师从名儒先辈，在读四书五经的同时，还特别喜欢书画，收藏颇丰。金息侯（书画名家）看了他收藏的书画和临摹的田石山水，曾题诗曰："晋墨宋图元画谱，粗文细沉压明清；将军妙手真天授，手创山河别样新。"1994年苏富比在台北举行春季拍卖会，卖出张将军收藏的书画作品207件，总价值1亿3千多万新台币。这虽不无夸张之处，而收藏品大有可观，却是事实。可见张学良不仅鉴藏字画，而且还可临摹，这是鲜为人知的。

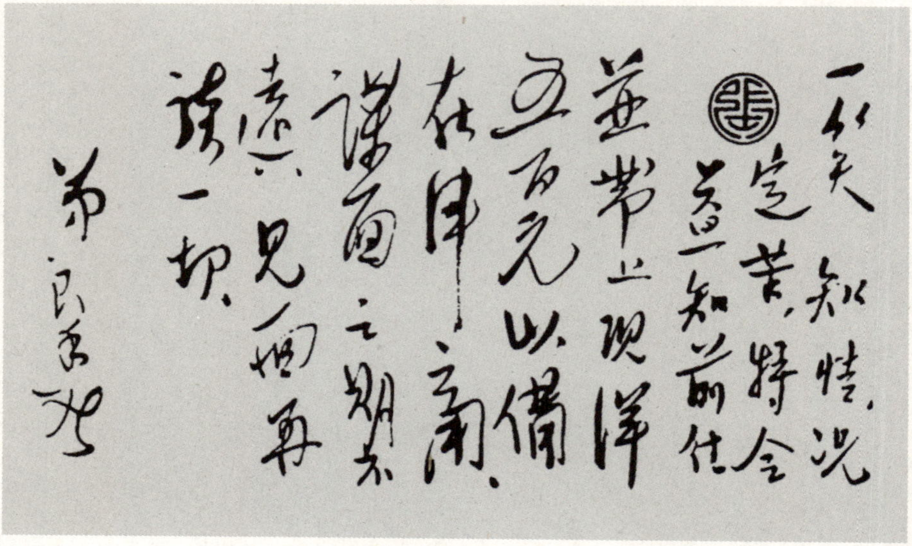

◎ 张学良将军墨宝之一

张学良的书法，其楷、草、行、隶、篆体，几乎样样精通。他在救国救民的征程上，书信、电稿、命令、题词、挽联、签名可谓无计其数。可惜，由于常年战乱和帝国主义的不断侵略，绝大部分手迹都失落了。

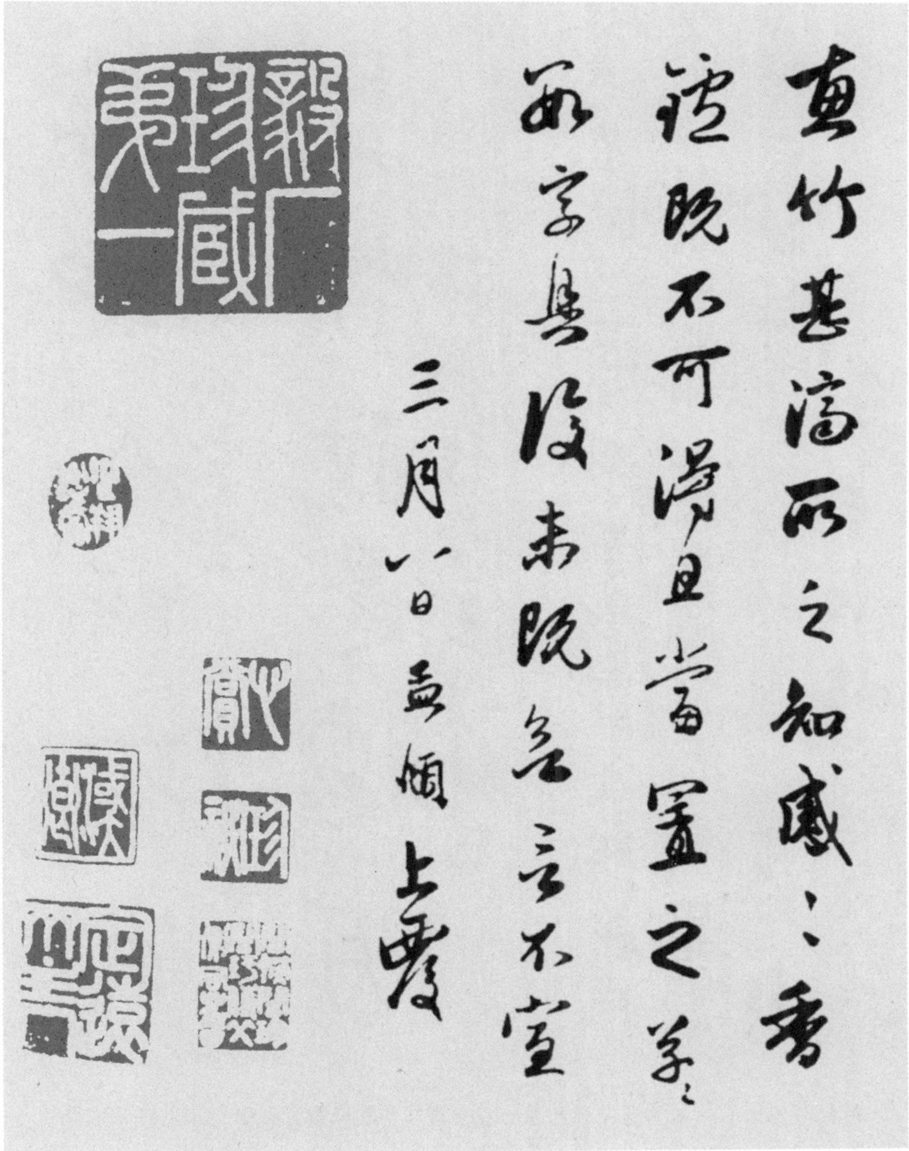

◎ 张学良将军墨宝之二

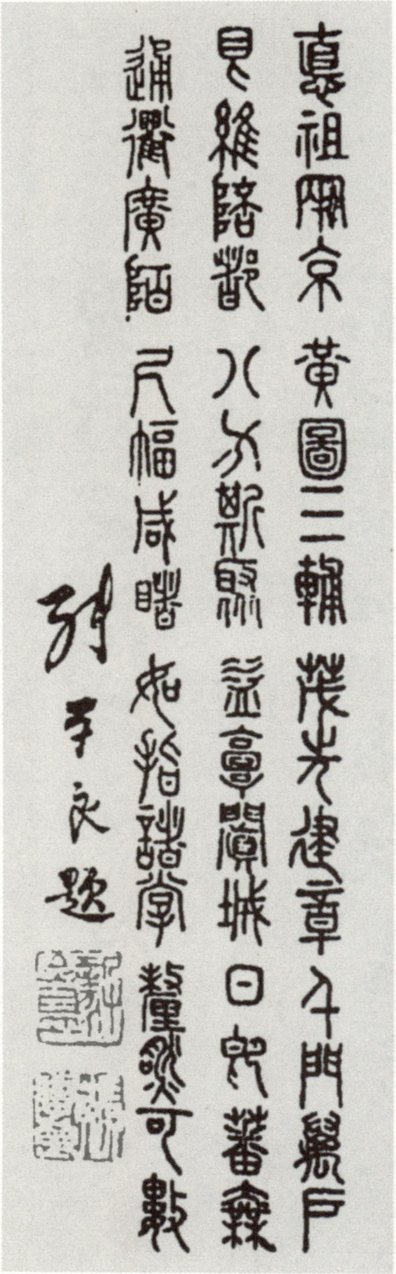

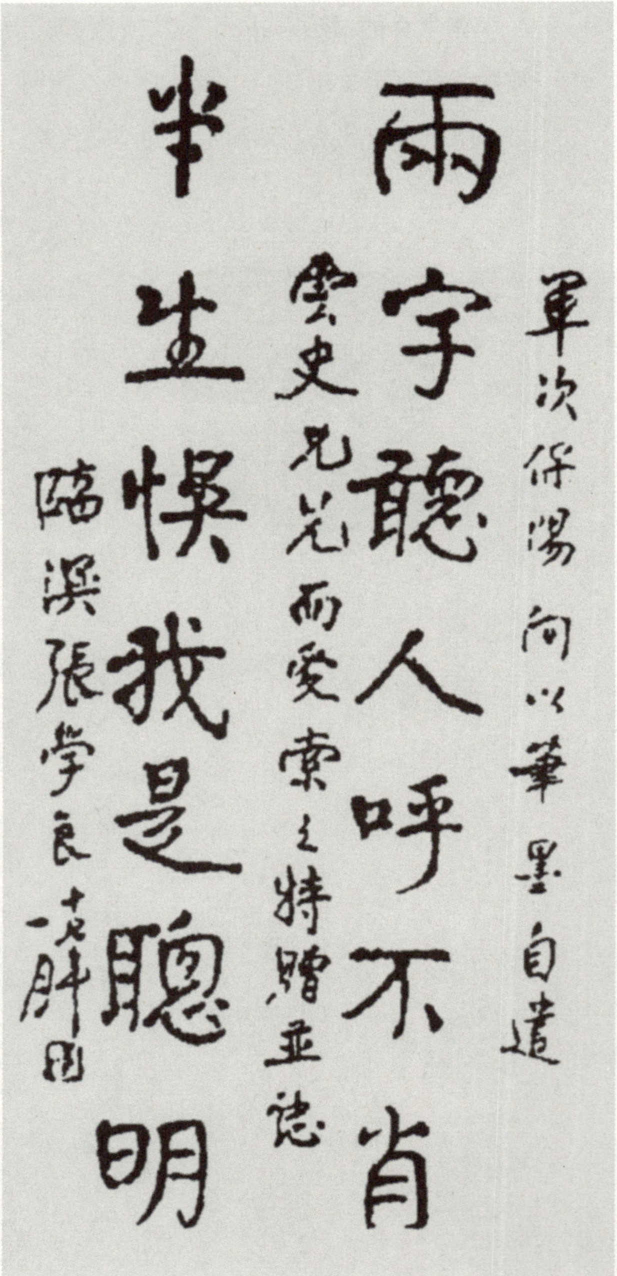

◎ 1927 年，张学良为王华隆所绘《辽宁省城市街全图》题词。（左图）
◎ 1928 年 1 月，张学良赠杨云史条幅。（右图）

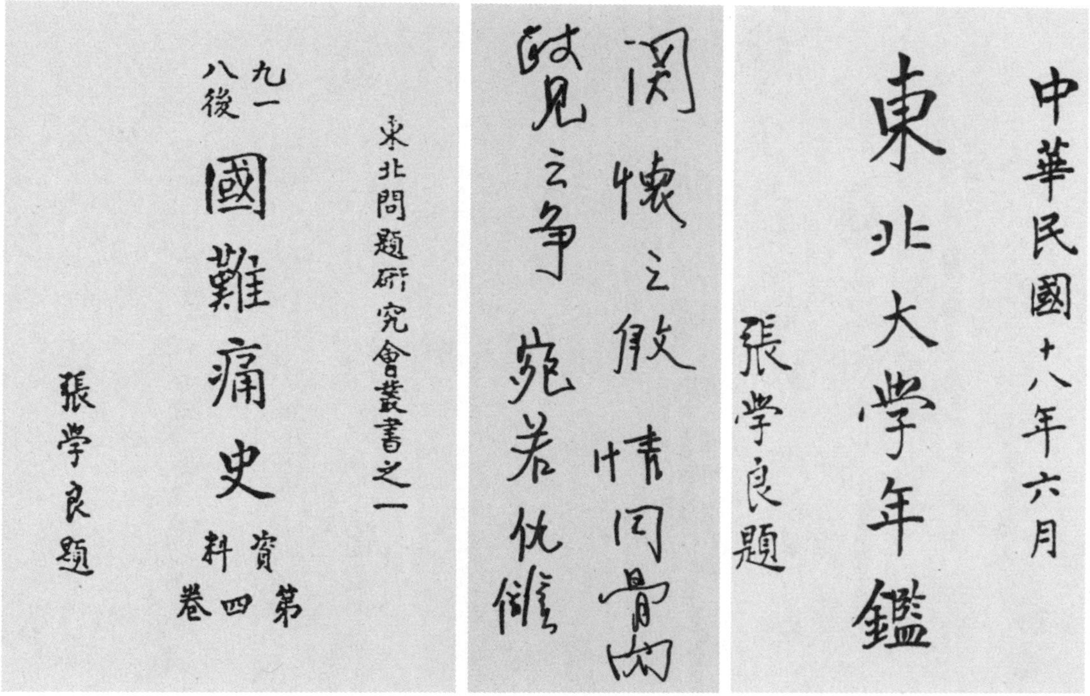

◎ 1931 年，张学良为陈觉编著的《九一八后国难痛史资料》一书题名。（左图）
◎ 1975 年 4 月 5 日蒋介石去世后，张学良为其书写的挽联。（中图）
◎ 1929 年，张学良为《东北大学年鉴》题名。（右图）

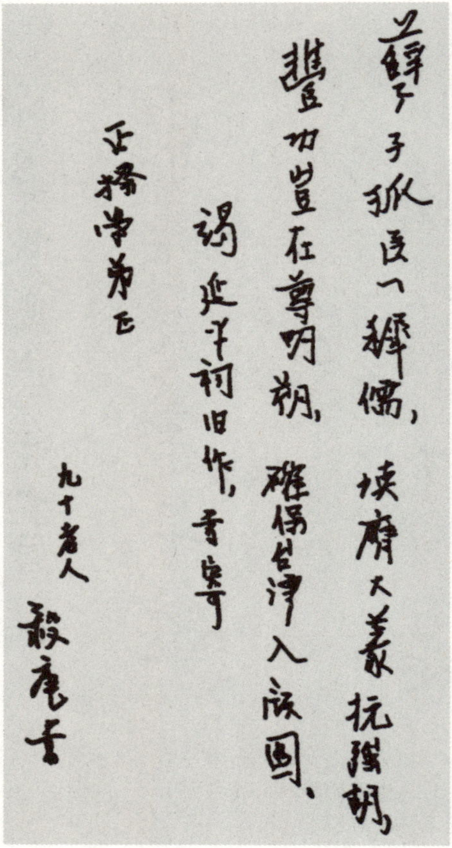

孽子孤臣一稚儒，填膺大义抗强胡，丰功岂在尊明朔，确保台湾入版图、

谒延平祠旧作，书奉

正操学弟正

九十老人

毅庵书

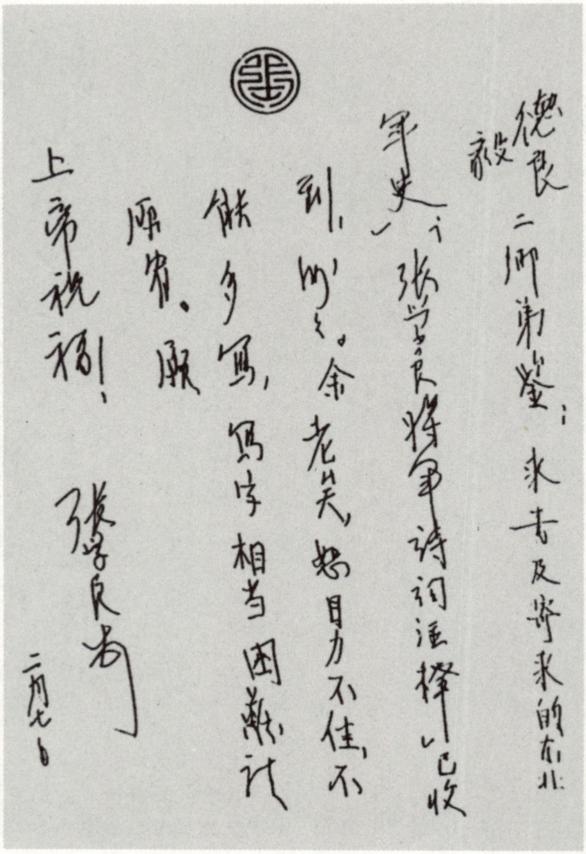

德良
毅 二卿弟鉴：来书及寄来的东北军史、张学良将军诗词注释已收到，谢谢。余老矣，目力不佳，不能多写，写字相当困难，祈原宥、顺

上帝祝福！

张学良启

二月七日

◎ 1990 年，张学良书录给吕正操的旧作《谒延平祠》手迹。（左图）

◎ 1991 年 2 月张学良给张德良（张学良暨东北军史研究会会长）、周毅（张学良暨东北军史研究会秘书长）的信。（右图）

二、将军兰花缘

张学良送蒋被扣，与世隔绝。当年叱咤风云、以民族大义为重的“少帅”风采，因此“尘封”。

1946年11月，张学良由贵州经重庆移居台湾，长期幽居于高墙深宅之中。在漫长的岁月里，张学良埋头读书，成为明史专家。他热爱艺术，尤爱兰花，在台北自己的院子里开辟了两个兰园，一个种洋兰，一个种国兰；平日生活除念经、谈史外，多倾心于养兰赏兰。张学良以兰为友，以兰为伴，以兰抒情，以兰为喻，熬过度日如年的时光。

张学良对兰花的了解与热爱由来已久。当年在东北老家就养有各种各样的名兰。然而，因为戎马倥偬的战争环境所致，很难有时间去研究兰花、切磋兰艺。

张将军对兰花的品种、特征都了解得细致入微。对兰文化的喜爱和研究已达到如痴如醉的程度。他如此赞赏兰花：“芳名誉四海，落户到万家，叶立含正气，花妍不浮华，常绿斗严寒，含笑度盛夏，花中真君子，风姿寄高雅。”他曾为1993年在北京举办的第三届花卉博览会撰写贺词：

“兰在中国历史上是一种品格高超的名花，自春秋时孔子自卫适鲁，作猗兰之操，誉为‘王者之香’。而后历代文人雅士咏歌不绝，左氏不一梦兰之征，屈子思君纫兰为佩，周易谓：‘二人同心，其利断金，同心之言，其臭如兰。’是将君子比德于兰，而非以兰比德于君子。骆宾王上张司马启也说：‘博望侯之兰勤桂馥’，又将兰喻为‘世德流芳’，兰在国人的心目中，可以说占了极高的地位。

◎ 张学良和黄秀球（中）、刘明鉴（左）研赏兰花。（上图）
◎ 张学良（中）与黄秀球等人在欣赏兰花时合影（下图）

花卉的爱好，大致说来，与个人的秉性与品德确有关联。晋陶渊明独爱花中隐逸的菊，自李唐以来，国人多爱花中富贵的牡丹，而宋周濂溪则独爱花中君子的莲。其实兰之为品，兼三者之德，又各极其长；王者之香，是富贵之极；容古留芳，是隐逸之最；出淤泥而不染，经岁寒而不凋，它的清介（洁）坚劲之美，更非莲所能比拟，因此，凡是恫瘝为怀，而思以亮节高操，风世励俗的人，莫不对于兰花具有深切的爱好。

除了文人雅士爱兰之外，历代名将爱兰者，亦不乏人，有清中兴名将左宗棠，曾题《新经吟花逸史》，评梅先生《兰蕙同心录》称：‘质秀气清，王者之草；翰墨留香，我赏而宝。’画梅成痴的彭玉馨，也曾移爱题兰，留有如下的绝句：‘平生只解写梅花，索我题兰兴更赊，独孤怪山三百树，幻形举畹吐芳葩。’可见兰的风标，亦能倾倒叱咤风云的将帅。惟独曹孟德，另出一格，独不爱兰。曾谓：‘芳兰当户，不可不除。’然而自当魏氏败，而兰之名益彰，一代之雄，竟不能于兰而行其志，此所以兰之能为中国文化史中的一部分，无人能摇撼其地位了。

离却兰品不谈，即欣赏的角度来论，兰花如在深河幽谷，林彰筛地，皎魄当空时，兰花每飘放一种清洌的幽香，沁人心脾；如在萧斋静室，凭几晤对，则见其缤纷扶疏，争艳斗奇，如亲良友，如饮醇醪，令人万虑俱消，有潇洒出尘之想，是兰之为名花，不但足以赏心悦目，更可以陶性怡情，兰之为用，岂仅在于观赏而已。因此，兰艺自中国渡海，传至东瀛，进而又扩及世界园艺之林，国人应如何发扬它的幽光，以复兴中国文化之一助，当有赖有心人士之共同努力。”

张学良除收集莳养了台湾品种的兰花，更对大陆所产兰花酷爱有加，见到就买，从不讲价。如浙产绿云、宋梅，川产大红朱砂、春剑牙黄素，粤产报岁白黑，闽产银边大贡等数十个品种，几百个花盆，均可在其花园里见到踪影。张学良不但亲自给兰花浇水、施肥、除害，还亲笔为各种兰盆题名。张将军钟爱兰花，不独以之消遣怡情，更常以兰传情，以兰铭志，抒发情怀。

张将军每每与兰友们谈起“兰事”，即滔滔不绝，欲罢不能。古人云："芝兰生于深林，不同无人而不芳，君子修德立道不因贫困而改节。"兰如君子，也难怪张将军爱兰如醉如痴。

1971年，在一次赏兰会上，一盆与众不同的报岁兰，开着翠绿鲜艳的奇花，令观者十分惊异。世界兰蕙交流协会主席黄秀球希望得手，遂明察暗访一年多，虽找到兰主，但出多少钱，兰主都不肯割爱。后来张学良于兰展中也发现此名品，更是爱不释手，几经打听，才知此兰于1969年产于台湾新店碧山村，火烧樟子山林中，叶姿为中立性，叶面宽大，球茎圆大，花梗、花柄为绀绿色，整体花色为翠绿色，开花之正副瓣已奇化为三瓣不规则形。二瓣形之棒心亦奇化三瓣，舌与鼻头均奇化为卧蚕形，并形成花心，而成翠绿带黄色，整朵花全开，成六角形，难分内外瓣。张将军为此名兰念念不忘，数次拜访兰主，加之将军德高望重，又是一代名将，最终感动兰主而割爱。为不使兰主心疼，张将军主动以高价购入，而后精心培养，始推广公之于世，这株名兰叫"绿云"。

1993年4月21日至5月5日，第三届中国花卉博览会在京举办。国家主席江泽民在中国花卉协会名誉会长陈慕华、会长何康等人的陪同下，饶有兴致地参观了花卉博览会。当他走到世界兰蕙交流协会展位前时，看到的全是从台湾送来的兰花。展台正面墙上挂着三幅张学良将军莳养兰花的彩色大照片。他向前靠了几步，凑近照片仔细端详了一会儿，说："看起来张先生精神很好啊。"此时，世界兰蕙交流协会会长黄秀球先生受张学良之托，端了一盆兰花，双手交给江主席，他说："这盆兰花名叫'爱国号'，张学良先生培育了20多年，他要我亲自交给您。"张将军正是以此表达作为九旬老人对大陆同胞的一片爱心，抒发他多年来的一腔爱国情怀。江主席亲手接过"爱国兰"，格外高兴，连声说："谢谢，我祝张先生身体健康！"爱国将军送爱国兰，顿时在海峡两岸传为佳话。张学良还委托黄秀球将另一盆"爱国兰"亲手送给山东的张广甫先生，以示他对后人的教诲与期望。

◎ 1993 年 4 月 25 日，江泽民总书记在北京由世界兰惠交流协会会长黄秀球陪同，参观世界兰惠交流协会荣誉会长张学良将军参展的兰花。（上图）

◎ 1993 年 4 月 25 日，黄秀球受张学良将军委托，向江泽民总书记赠送张学良培养了 20 年的“爱国号”兰花，在海峡两岸传为佳话。（中图）

◎ 为庆祝张学良 98 岁华诞，在沈阳“张学良旧居陈列馆”举办兰花特展，黄秀球夫妇专程到夏威夷，受到张学良的接见，询问详情后，感激高兴之余，合影纪念。（下图）

◎ 1998年，沈阳张学良旧居陈列馆举办兰花展，以示庆贺张学良将军98岁华诞。图为馆长姜铁成致贺词。

1998年6月3日，为庆贺张学良98岁华诞，有关机构在沈阳“大帅府”举办兰花特展。张学良将军向黄秀球伉俪询问详情后，说：“好啊，好啊，家乡人还记着我，给我做寿，学良谢谢了。”说完还拿着沈阳张学良陈列馆印制的宣传品与黄秀球合影。他把宣传品展开，双手举在胸前，表达思乡之情。

张将军亲手培植的13盆兰花运抵沈阳后，摆放在“大帅府”二进院内的东厢房内。摆放兰花的正面墙上挂着张学良将军的大幅彩色照片和他养兰、赏兰、切磋兰艺的许多珍贵画面。为庆张将军98岁华诞，在兰花特展

◎ 黄秀球向张学良旧居陈列馆赠送张学良将军培养的兰花。接花者是陈列馆的书记惠才。

上，各界人士还向张将军赠送书画、篆刻作品。这是一次别具一格的祝寿活动。

张将军无愧于世界兰惠交流协会荣誉会长之职。从他的情操、人品来看，他就是“叶立含正气，花妍不浮华，常绿斗严寒，风姿寄高雅”的真君子。

三、尚国粹　迷京剧

张学良喜欢京剧艺术，爱看、爱听、爱唱，评论优劣，也极在行。当年他在北京时，常带眷属、随从到中和剧场看戏。

1991年6月，吕正操访美拜见张学良时，带去了著名京剧艺术家李维康的两盘录音带。寿诞那天，寿堂上挂的是著名书法家启功撰写的张学良在90岁生日时写给张捷迁的一首小诗，播放的是李维康的《玉堂春》。

1993年4月，张学良在台湾观看北京京剧团演出时，自告奋勇："今天我也得过过戏瘾。"在锣鼓喧天、冠盖云集的台北中山堂，他坐在第一排，精神完全贯注在台上的表演之中，先是马派弟子张学津主演《遇龙酒馆》，压轴戏是谭派第四代传人谭元寿主演的《定军山》。张学良与场内1500人频频鼓掌。演出结束后，演员们看到张将军，顾不得卸妆就纷纷跳到台下，争相和他拍照，张将军乐得合不拢嘴，还念叨着："当年我在北京看梅兰芳、谭鑫培、杨小楼、金少山老板的戏，和他们结成了朋友。"当天，台湾有关方面宴请剧团的几位主演，张学良也应邀出席。他拉住梅葆玥、梅葆玖姐弟两人的手回忆说，那年日本制造皇姑屯炸车事件时，他正在北京请外国公使在戏园看梅兰芳先生的演出，是手下人找到剧场报告消息的。

席间，梅葆玖提议边吃边唱，听着两岸京剧同行各显神通的拿手好戏，张学良再也坐不住了，他向大家拱拱手说："今天我也得过过戏瘾。"他健步走到正在操琴的姜凤山身旁说："来段《战太平》，我的调门可高哩。"姜凤山把京胡调高了调门，又是张学良将军开口一唱，是在

◎ 1993年4月23日午后，北京京剧团团长周述曾（右）在中华文化发展基金会董事长张一真（即张治中先生的长子）陪同下在台北拜访张学良将军。（上图）

◎ 张学良将军于1993年4月20日、26日、28日，连续三个晚上赴台北市中山堂观看北京京剧团的演出。图为93岁的张学良将军在聚精会神地观看京剧表演。（下图）

◎ 著名京剧表演艺术家刘长瑜在台北与父亲故交张学良合影。刘的父亲周大文曾与张学良结为金兰，20 世纪 20 年代任过北平市市长。

调调门。姜凤山忙又调弦，忽然间，张学良先生又唱其高调门，弄得这位曾给梅兰芳先生操琴的京胡演奏大师一时手忙脚乱。

张将军唱完一段还不过瘾，便说："再来段《斩马谡》。"于是，"帐下跪得小平王"一段"西皮快板"响彻在大厅里。张将军唱罢连声向琴师道辛苦。姜凤山感慨道："难得啊，少帅93岁高龄了，戏词还记得真真切切，而且中气很足。我这个年迈古稀之人和他在一起，也顿觉年轻了许多。我有幸给张将军操琴，这可有历史意义啊。"

1993年7月，经张学森从中安排，著名京剧表演艺术家耿其昌、李维康夫妇，另有鼓师、琴师、舞美各一人，一同赴台演出。在短短一个月时间里，张学良看了他们演出6场中的5场，彼此欢聚达8次之多，而每次少则一小时，多则几个小时，聊啊，唱啊，犹如家人。

张将军与这些京剧名家的频频相聚，不要说与大陆朋友，就是在台湾亦属空前。耿其昌说，张将军可称得上“超级戏迷”，一见面就聊戏。张将军说，当年他多次看过谭鑫培的戏，陈德霖是他的好友；至于四大名旦、四大须生更是他家的座上客，对旧时梨园界如数家珍。他还说，当年的一位名票友曾对他说：“京剧嘛，你哼哼玩玩可以，别正经唱，因为你五音不全。”可他照唱不误，可见他对京剧的热爱。什么《空城计》、《坐楼杀惜》，只要他开个头，便一发而不可收，拦都拦不住。也怪，那些天，他唱，耿其昌、李维康夫妇也唱，几次下来，张将军的调门准了，而且嗓音也洪亮起来。更难得的是，他能看出并道出现今大陆京戏在唱腔方面的发展。在肯定的同时，他又语重心长告诫耿、李二人：“过去老先生们的功夫是特别扎实的，你们可千万要学好基本功！”

耿其昌、李维康对张学良的共同印象是，他有着超乎常人的豁达、幽默。张将军喜欢说哏，“段子”很多。说有位先生在别家打牌，边打边说：“哼，有人说我怕老婆，胡扯！我在家里就是条老虎。”没想到他的夫人就在他的身后，啪！拍了他一巴掌，问：“你是老虎，我是啥？”这位先生脸色大变，赶忙说：“你是武松啊！”逗得在座的大笑不止。

可是当说起严肃问题时，将军判若两人。他说，当年东三省易帜之前，日本外相曾让他出任满洲执政，此人能说会道，谈条件吧，一切细微处都考虑到了，他“谦恭”地问张将军：“你看还有什么不周到的地方，尽可提出，一定照办！”此时的张将军冷起脸来说：“你考虑的比我考虑的周全多了，但你忘记了一点。”日本人忙问：“是什么？”张将军厉声斥他：“你忘了我是中国人！”听到这里，耿、李的眼泪止不住地涌出。他二人说，和张将军的这段相聚无限珍贵，而他老人家的道德情操更是我们做人的方向。

◎ 1993 年 7 月，耿其昌、李维康夫妇在台北张学森家中与张学良共唱京剧传统老戏唱段后，非常高兴，耿、李二人鼓掌庆贺。

◎ 1993 年 8 月 13 日，张学良在台北观看耿其昌、李维康演出后，特别高兴，与尚未卸妆的耿其昌合影。（上图）

◎ 1993 年 8 月 13 日，耿其昌、李维康在台北演出，张学良、郝柏村夫妇、辜振甫夫妇到场观看，演出后举行了隆重的宴会，席间他们两人与张学良（左二）、郝柏村（左三）、辜振甫（右一）合影。（下图）

◎ 耿其昌在台北最后一场演出后，张学良参加欢送酒会，并与耿、李夫妇合影留念。张学良兴致极高，与他们聊到凌晨两点才休息。

1996年7月13日，杨连之先生在《光明日报》上，以“一份特殊的寿礼”为题，报道张将军在夏威夷异常兴奋地度过96岁诞辰的盛况。当今颇受海内外戏迷喜爱的中国京剧院老生于魁智率该院琴师赵建华、鼓师苏广忠、旦角马小曼（京剧艺术大师马连良之女）飞抵夏威夷，让张学良将军过了一次有生以来最痛快的戏瘾。

◎ 1996年6月，于魁智夫妇在美国夏威夷与张学良将军合影。（上图）

◎ 1996年6月5日，于魁智夫妇与张学良及其子女、亲属合影（前排由左至右分别为：张学良将军、琴师赵建华、鼓师苏广忠、张学良的小儿子张闾琳。后排由左至右分别为于魁智夫人梁以薇、张学森夫人、张学森二女儿、张学森大女儿、京剧花旦马小曼、张学森三女儿、张学良大女婿陶鹏飞、张学良大女儿张闾瑛、张学良小儿媳）。（下图）

正是张学良的亲友所期盼的这份特殊寿礼——京剧，于6月1日晚上，在夏威夷希尔顿大酒店张学良96岁寿诞酒会上引起异样的反响。张学良的女儿张闾瑛动情地说："请来这么好的国剧艺人，能让家父过上几十年没有过的戏瘾，等家父100岁时，请大家别忘了再来呀！"全场热烈鼓掌。于魁智代表中国京剧院及其他艺术家，向张学良赠送用中国京剧脸谱精心绘制的大幅"寿字图"，并当场演唱传统京剧《上天台》。为了烘托寿宴气氛，他巧妙地把唱词最后一句"又听得殿座下大放悲声"改为"准备下皇封宴庆功臣"。板鼓一敲，胡琴一拉，一晚上没有几句话的张学良精神为之一振，洗耳恭听，手上还阵阵击节，当寿宴的程序接近尾声时，张将军随着京胡、板鼓的伴奏，唱了京剧传统戏《失街亭》、《斩马谡》、《珠廉寨》的选段，不用话筒，有板有眼，颇有韵味。此时，晚上5点半开始的宴会已近5个小时，张将军还意犹未尽。

从6月1日到8日的几天中，张将军每天都沉浸在对京剧艺术的迷恋中。每天下午5点多，他准时来到约定的亲友家中，先听于魁智他们唱，随后自己开唱，几天下来嗓子越唱越好，调门越调越高。每天都唱到晚上近10点，不是赵一荻女士打来电话"大爷该休息了！"他还不肯罢休。据家人讲，老先生有一天早上五点多钟就要起床，说是唱戏去。也许和张将军的戎马军旅生涯有关，他反复吟唱的一直是《失街亭》中的两国交锋龙虎斗、《斩马谡》中的"火在心头难消恨"，还有《战太平》中的"叹英雄失势入罗网"。有一天，张学良对于魁智说："你们不知道，其实她（赵一荻）唱得最好！"没想到，坎坷人生的伴侣还是京剧艺术的知音。看见他们不仅对京剧的爱好由来已久，而且也是在他们那种环境下，消磨光阴的一种有意义的方式。张将军崇尚国粹，名不虚传！

[第八章]

师生将帅重会晤　张吕学良连正操

一、忝列门生 情同袍泽

张学良将军既是吕正操将军的老乡，又是吕正操的长官和老师。他们都是辽宁海城人。吕正操曾在张学良身边工作了十余年，是张学良一手培养提拔起来的年轻军官。尽管出身不同，地位各异，但自幼都目睹了日本侵略者对家乡的掠夺与蹂躏，对日本帝国主义都怀有深仇大恨，其抗敌御侮、救亡图存的爱国赤忱之心是相通的。

1923年冬，吕正操被录入讲武堂第五期学习。第二次直奉战争爆发，讲武堂停课后，吕正操随张学良入关作战。1925年郭松龄反奉被杀，吕正操产生了消极失望情绪。因被分配为新兵营长，他不愿意干就离队回家。12月，张学良在锦州成立三、四方面军司令部，派专人召吕正操归队，任少校副官。从此，吕正操便在张学良身边工作，曾任秘书、同泽俱乐部干事、参谋处长、团长等职。西安事变前，张学良本拟委吕正操接任一一六师师长，万福麟反对，背着张学良，把吕正操送到南京陆军大学高级班学习。在南京，一个横行霸道的国民党特务骂东北军学生是“亡省奴”，吕正操拍案而起，痛打了骂人者。张学良得知后，致电何应钦调吕正操回部队。西安事变前夕，张学良又调吕正操到西安张公馆服务，担任内勤，住东楼。西安事变期间，吕正操就住在中共代表团楼下，负责接待和警卫。吕正操和张学良的最后一次见面是1936年12月25日。从此，他们师生天各一方，失去联系。

直到“文革”结束后，张将军的侄女张闾蘅（张学良的五弟张学森之女）从香港来北京经商，吕正操和张将军的联系才重新恢复。时任全国政

◎ 1943年冀中抗战时期的吕正操。电影《平原游击队》中的主角李向阳的原型即为吕正操。

协主席的邓颖超嘱吕正操直接和张将军保持联系。

1984年6月，张闾蘅自港来京谈商务，期间特来看望吕正操，给他介绍张学良在台情况，并说："我大爷知道我经常来大陆经商，一次聊天时跟我讲，他十分想念在大陆的两位部属：一是吕正操，二是万毅。让我有机会代他去看望看望。"张闾蘅离京回港前夕，吕正操托她带给张学良一副健身球和几听上好的新茶，以示问候和挂念。是年7月5日，张闾蘅从香港来信告诉吕正操："托带的小玩艺儿，返港后即已转送，请勿念。"因当时海峡两岸关系还很复杂，说话很谨慎。张闾蘅频频来往于海峡两岸，为张、吕转递信息，从此，他们书信、口信、诗作唱和往来不断。

1987年初，张闾蘅再次来京，带来张学良赠给吕正操的诗作："采菊东篱下，悠然见南山。此中有真意，欲辩已无言。"张学良摘取陶渊明《饮酒》"结庐在人境"篇的第三联和第五联，将原诗末句"欲辩已忘言”之“忘”改成“无”，集成一诗，抒写他晚年久居林下、不慕荣利、甘于淡泊、寄情山水的闲适恬淡之心境。吕正操亦用同样方式，从陶渊明的《读山海经》“精卫衔微木”篇中摘取第二联和第四联，将原诗末句“良辰讵可待”的“讵”改成“知”，反其意而用之，集成一诗赠张：“刑天舞干戚，猛志固常在。徒设在昔心，良辰知可待。”希望张学良振奋精神，相信他曾为之奋斗的理想，定能实现。吕正操把张学良赠诗的事向邓颖超汇报，并将诗稿手迹送交给她。邓颖超亲切接见了张闾蘅。

1988年底，吕正操让张闾蘅给张学良捎去新年贺卡。3月初，张闾蘅又来北京。5日离京时，吕正操又托她给张将军带去两首诗，一是他当年2月写给张学良的《预祝双八双寿》：“御辇将军堪自豪，当年帅气未曾消。长命伉俪无衰绝，风流人物数今朝。”当年张学良88岁，吕正操以此诗为张祝寿。张闾蘅曾告诉吕正操，赵一荻女士前些时候去美国探亲，把腿摔骨折了，张学良到机场迎接，亲自为她推轮椅。平日，张将军也常推着她到户外走走，故有“御辇将军”之称。二是书录1984年冬的旧作《浙东纪行》：“雁荡奇突屹浙东，剡溪九曲万山中。以血洗血高格调，逃台迁台小易盈。西京谈和安天下，羑里课易求大同。思君常恨蓬山远，雪窦双楠盼汉公。”（羑里，古地名，在河南省安阳南郊，周文王曾在此讲易经）张将军当年被软禁在奉化雪窦寺，曾手植四楠，现余两株，茁壮繁茂，它也在期待汉公早日归来，旧地重游。

翌日，张闾蘅回台北，将该诗面交张学良。张看后非常高兴：“我也回他一首。”当即挥毫作答：“白发催年老，虚名误人深。主恩天高厚，世事如浮云。”托张闾蘅转达。在提及东大留美同学会要为他祝寿之事，他说：“他们经济都不宽裕，何必凑钱为我过生日。为我个人是虚名，不如多做些对国家有益的实事。”吕正操又赋诗一首，再答张将军：

“霜染两鬓白，心存一寸丹。淡泊以明志，肝胆照人间。”

1990年1月21日，吕正操给张将军写信，请他出来走走：

汉公钧鉴：

间蘅常来，告知我公及夫人身心安泰，甚以为慰。我一直盼望你俩能走出台湾小天地，到五彩缤纷的大千世界来看看，对身心更感舒畅，不知以为是否？盼告。

不久，张学良又录旧作一首赠吕：

孽子孤臣一秩儒，填膺大义抗强胡。丰功岂在尊明朔，确保台湾入版图。

谒延平祠旧作，书寄

正操学弟

九十老人毅庵书

此前海峡两岸敌对状况尚未结束，考虑到张将军的处境，吕、张来往诗作、信函均不具名。直到后来海峡两岸关系有所缓和，才开始具名。

1990年5月15日，张学良九秩大寿前夕，吕又给张回信：

汉公钧鉴：

捧读大作，甚为感奋。谨在京预祝我公进入九秩大寿。切盼在您满九十寿辰时，我能在任何地方亲自参加祝寿。

祝健康长寿。代问夫人好。

旧部吕正操

同时，步韵和诗一首，随信寄上：

讲武修文一鸿儒，千古功业在抗胡。盼君走出小天地，欣看人间绘新图。

张将军九十寿辰时，吕给张公开拍发了祝寿电：

适值先生九秩大寿，不能亲自前往祝贺，甚以为憾。先生爱国爱民，坚贞不渝，大义凛然，天人共鉴。正操忝列门生，情深袍泽，耳濡目染，受益匪浅。遥望云天，不胜依依。仅以几句俚语为先生祝暇。情长纸短，言不尽意，敬祝健康长寿。

吕、张来往至此公开化。

6月6日，大陆在沈阳为张将军祝寿，吕正操参加寿庆回来，又给张将军去信介绍情况，邀他回京观摩亚运会。

汉公钧鉴：

我于6月6日到沈阳参加为您祝贺九秩大寿集会。到会者有您在大陆的家属亲友、门生部属，以及省市领导约两千人，共聚一堂，由衷喜悦，一致盼望我公能回东北看看家乡新貌。这是同胞，也是全国人民的共同愿望，笃信我公是爱人民的，是与人民同在的。值此两岸来往日益频繁，我个人，当然还有您的老朋友们，殷切希望您能在亚运会期间回京参观。如何邀请，请酌定电告，详情托闾蘅面谈。

祝健康愉快，夫人同此，不另。

吕正操手书

1990年6月27日

亚运会后，即1990年11月，吕正操又给张学良致一函，再邀张学良回大陆。

不久，张学良将军离开台湾，去美国探亲。

二、赵一荻八十寿宴

大洋彼岸传喜讯

张学良离台赴美时，吕正操正在北京301医院住院体检。1991年3月11日晚，张闾蘅和杨虎城将军之子杨拯民（时任全国政协副秘书长）到医院看望他，告知张学良夫妇赴美探亲的消息，问他怎么办。吕正操考虑他们刚刚离台，情况还不清楚，可暂不作表示，等等再说。而后，通过新闻报道，密切关注张学良的行踪。

3月24日，第七届全国人大第四次会议举行新闻发布会，新闻发言人姚广代表党和政府正式宣布：张学良将军是中国现代史上一位杰出人物，是中华民族的千古功臣，数十年来，我们对他是十分关切的。现在，他和他的夫人到了美国，从有关报道上得知他身体健朗，我们对此感到高兴。如果他本人愿意回大陆看一看，我们当然非常欢迎。我们尊重他本人的意愿。

3月29日，张学良的老部下、原东北大学代校长宁恩承先生从美国给阎明光发来电传："汉公极愿见见你和明复，谈谈玉衡基金会及统一问题，请即办理来美手续，早日相晤。"

4月6日，张闾蘅从美国来电话，转达张学良的意见，希望吕正操和阎明光、阎明复姐弟能去美国见面。阎宝航也是辽宁海城人，当年在奉天基督教青年会当干事时，就组织各种社会问题研究会、科学时事演讲会、读书会、举办游艺会、电影会等活动，办得极有声色，经常邀请社会名流到沈阳演讲，使沈阳风气大开，张学良积极参加。阎宝航与张学良的友谊就是在这时建立起来的。他是张学良当年在政治上所倚重的人物和知己。

张学良与阎宝航感情深厚，得知阎在“文革”中被迫害惨死狱中，极为痛惜，表示要为大陆成立的“阎宝航教育基金会”捐款。阎明复在党和政府内历任要职，阎明光原为上海工业部门的领导干部，晚年离职办申大公司，时任申大公司董事长，成为上海较有名气的女企业家。张学良曾欣慰地说：“玉衡有后。”他对阎氏姐弟的关爱可想而知。

4月10日，张闾蘅从美国回京复命，向有关方面介绍她在美国贝太太家三次见到张学良的情况，望速派人去美。

4月26日，吕正操的女儿吕彤岩从美国来电：她经史良才的孙子史浩引见，在纽约贝太太家拜见张学良。闲谈中，张学良问：“你爸爸有个外号叫‘地老鼠’，你知道不知道？”这指的是当年吕正操在冀中和军民一起运用‘地道战’等形式，抗击日寇侵略，开展游击战的事。吕彤岩问他：“我爸爸要是来看你，你见不见？”张爽快地回答：“当然要见！”一旁的贝太太也热情地表示：“当然欢迎。”她还对吕彤岩讲：“可用你的名义邀请你父亲来美。”至此，张学良赴美的情况大致清楚。他孤身一人到了纽约，住在已故国民党前中央银行行长贝祖诒太太家，赵一荻因身体不适留在旧金山。张学良在纽约的一切活动均由贝太太安排并陪同，且拒绝与官方往来。同时得知，张学良急等大陆去人，多次表示想见吕正操和阎明光、阎明复姐弟。张闾蘅回京后，四处奔走，急催吕、阎赶快动身。4月30日，吕正操正在天津，她又赶到天津。她说两位老人现在处境堪忧，夫人独自住在旧金山一个普通旅馆，身体很差，生活靠她在那儿的儿子张闾琳就近照料。她恳切地说：“吕大爷你要再不去，我大爷不是被各种应酬拖垮，就是被大妈拖回台北。您快去吧，快去吧！”心情极为焦虑。期间，吕正操在天津、上海、安徽等地与各地老同志见面时，都纷纷催他早日起程赴美，中顾委常委程子华同志接连打了几次电话，催问何时动身。吕正操自知责无旁贷，但考虑此行不是个人叙旧，而是肩负党和人民的厚望，责任重大，有待中央决定。及至张将军在纽约向《美国之音》

记者发表谈话，明确表示目前回大陆的条件尚不成熟，他此行不直接从美国回大陆，于是中央正式作出决定：派吕正操代表党和人民前往美国看望张学良将军。

4月30日晚，杨尚昆到吕正操住的天津迎宾馆2号楼，向吕转达中央的上述决定，要求吕于6月1日在张学良寿辰前赶到纽约；考虑当时海峡局势和张将军的处境，吕正操以私人名义出访，仅带身边随员，避免官方色彩，以防外界干扰；由邓颖超出面写信，代表党中央为张学良祝寿，并邀请他方便时回乡。邓小平也十分关心张学良这位老朋友，叫人传话给吕正操：此去能和张学良见上面就是胜利，就是完成任务，退一万步说，即是见不上也没有什么了不起。因病住院的邓颖超对吕正操远行更是关怀备至，让秘书一再去电叮嘱吕既要完成任务，又要注意身体，一再叮嘱吕的随行人员要寸步不离。她支撑着病体，亲笔写信，代表党中央向张学良将军致意。听说吕正操要去看望张将军，各方大力支持。我驻美使馆立即以“特特急”发来电报，邀吕正操作为大使的客人赴美旅游；外交部领事司仅用一个多小时，便办好了护照；随行人员也很快确定下来。由于张学良与阎宝航的特殊友情，决定由阎明光陪吕正操同去，另有秘书刘红路、翻译吕葳、医生姚美德等四人随行，美国驻中国大使馆也特别关照，原先估计要一个星期才会批下来的签证，仅用3天就到手。吕正操一行5人于5月23日搭乘中国民航班机，飞向大洋彼岸。

聚首旧金山

旧金山是美国西海岸名城，建在山峦起伏的地带，吕正操一行5人第一站便到达那里。两个多月前，张学良在此短暂停留后飞往纽约，夫人赵一荻仍留此地。张将军的女儿张闾瑛、儿子张闾琳的家都在附近。于是，吕正操一行决定先见赵一荻和子女亲属，进一步了解张将军的近况。5月25日，在旧金山豪华的美丽华翠亨村酒家，张将军的侄女张闾蘅为大妈赵

◎ 1991年5月25日晚上，吕正操在旧金山参加赵一荻女士的祝寿宴会。左三为赵一荻，左一为张学良的五弟张学森，右一为赵一荻的六嫂吴靖。

一荻80寿辰举行家庭宴会，吕正操一行应邀出席。一进宴会厅走廊，张将军的大女儿张闾瑛和女婿陶鹏飞就迎了出来。原来，他们接到家人的口信后，很早就在此等候。张闾瑛是张将军与原配夫人于凤至的女儿，早年随母移居国外；陶先生曾在加州大学执教。进入宴会厅，又见到了张将军与赵一荻所生的儿子张闾琳一家，在张将军蒙难期间，赵一荻忍受着骨肉分离的巨大痛苦，毅然将幼子托付友人抚养，自己只身一人前往贵州阳明洞陪伴张将军，生死与共，祸福同担。而今张闾琳已六十出头，并有了儿子居信、居仰。

参加宴会的还有张将军的五弟张学森夫妇、宁恩承先生和女儿、原东北军元老吴俊升的女儿以及来自上海的赵一荻的六嫂吴靖。张将军在美亲属，虽然不少是第一次见到这些大陆来客，但彼此却像老朋友一样，气氛十分融洽。张将军的两个孙子居仰和居信因生长在美国，只会英语，对来

◎ 吕正操、阎明光帮赵一荻吹生日蜡烛。

自祖国的朋友异常亲热，很快就和翻译吕葳热情地攀谈起来。经过一阵寒暄，大家的话题自然转到张将军身上。张闾瑛告诉吕正操，张学良一到美国就表现出令人难以置信的旺盛精力，时差在他身上似乎毫无反应。从台湾刚刚飞到旧金山，便一再追问第二天的安排是什么。儿女们劝他先歇一两天再说，他嚷着不同意，坚持第二天要外出游览，只好依他。在旧金山短短4天时间，他几乎游遍了所有名胜。每到一处，常常见景生情，谈古论今，无一不是学问。他对人生哲理的悟识，书画名品的鉴赏、民初掌故的谙熟、政坛人物的臧否，随口道来，生动有趣。谈论之间，赵一荻在家人的簇拥下走进了宴会厅。尽管年已八旬，腿部不久前还动过手术，下楼时她仍然坚持不让人扶，自己硬撑着一步一拐走下来。大家纷纷向前，向她表示问候、祝福。赵女士满含微笑，一一作答。吕正操端起酒杯，恭祝她身体康泰，并向她转达了邓颖超以及其他中央领导的问候，希望她早日回家乡看看。赵女士非常高兴，饶有兴味地和来自故乡的亲友一起回忆往事，询问家乡变化，并深情地表示："东北老家我也很想啊！"生日蜡烛点燃了，赵女士邀请吕正操和阎明光帮她一起徐徐吹灭。宴会结束时，她亲手切开蛋糕，一一分给大家。来自大洋两岸的朋友们一起唱起生日歌，在欢快的歌声中，大家再次举杯，祝他们夫妇健康长寿。

◎ 吕正操将军与赵一荻女士等人在庆祝宴会上合影。前排左起：吕正操、赵一荻、吴靖（即赵一荻六嫂）。后排站立者左起：张居信、张居仰、张闾琳及夫人陈素贞。

三、久别重逢　三次密晤

首次见面，心情激动

1991年5月26日下午，吕正操一行乘联航班机由旧金山飞抵纽约，中国驻联合国大使李道豫到机场迎接。吕正操就住在纽约郊外李大使的别墅。5月28日晚，史浩夫妇到使馆与吕正操约定，5月29日下午去贝太太家见张学良。翌日上午，张闾蘅及其父母来到别墅。张闾蘅提出，干脆今天上午就直接去，他要起了床，就进去谈谈，要是没有起床，改时间再去。于是他们乘车直奔曼哈顿公园大道贝太太的公寓。张闾蘅首先上楼通报。张将军到纽约后，由从台湾随来的佣人林渊泉陪同。张学良让林下楼来迎接客人。登上电梯，升到11楼停住了，贝太太的公寓就在电梯口。刚刚走出电梯，吕正操就看见张将军站在公寓门口等候，一身西服，穿戴齐整。用不着介绍，他一眼就认出吕正操来，老远就伸出手，吕正操快步走上前去，紧紧握住他的手。半个多世纪未曾谋面，大家心情都很激动，双手紧握，四目相对，沉思片刻，互致问候，即进屋落座。吕正操先说："西安一别，到今天刚好54年5个月零4天，可谓'双五四'。"张将军似乎没有反应过来。体察入微的张闾蘅当即上前俯在张学良的耳边大声提醒："今天只是见个面，介绍大家认识一下，有话以后慢慢说。"贝太太对吕正操说："听说你来，他昨晚上一夜都没睡好，等着见你。"一语道出了大家急于见面的心情。张闾蘅将阎明光、吕葳、刘红路秘书、姚美德医生介绍给张将军。乡亲故旧多少年不见了，今天一下子来了这么多，张将军格外高兴，贝太太也非常热情。吕正操向贝太太表示感谢。吕送上从北京带去的生日贺礼：一整套张学良最爱听的《中国京剧大全》录音带和大陆著名京剧演员耿其昌、李维康夫妇新录制的京剧带；当年新采制的碧螺春茶叶；一帧国内画家袁熙坤为张将军赶画的肖像和一幅由著名书法家启功先生亲笔手书的贺幛，书录的是张将军的一首小诗：不怕死，不爱钱，丈夫绝不受人怜。顶天立地男儿汉，磊落光明度余年。离京前，吕正操在商议给张将军带点什么寿礼时，阎明复提议送幅寿幛，录张将军的诗，请启功先生书。启功先生本已宣布挂笔，听阎明复介绍是为张学良将军祝寿，欣然破例。这二十七个字，启功先生一笔一画丝毫不苟，整整写了一个下午，随后又亲自送到荣宝斋，请经验丰富的老师傅精心装裱。启功先生自豪地说："以这件非常有意义的事情来告别书坛，是我终生的荣幸。"张学良将军视力较差，他掏出一个类似半个水晶球大小的放大镜，一点一点地鉴赏启功先生的墨宝。

◎ "这是什么，你知道吗？"张学良（右）向吕正操介绍他看书使用的特别放大镜。

◎“好茶！好茶！”吕正操向张学良赠送新采制的碧螺春茶叶。

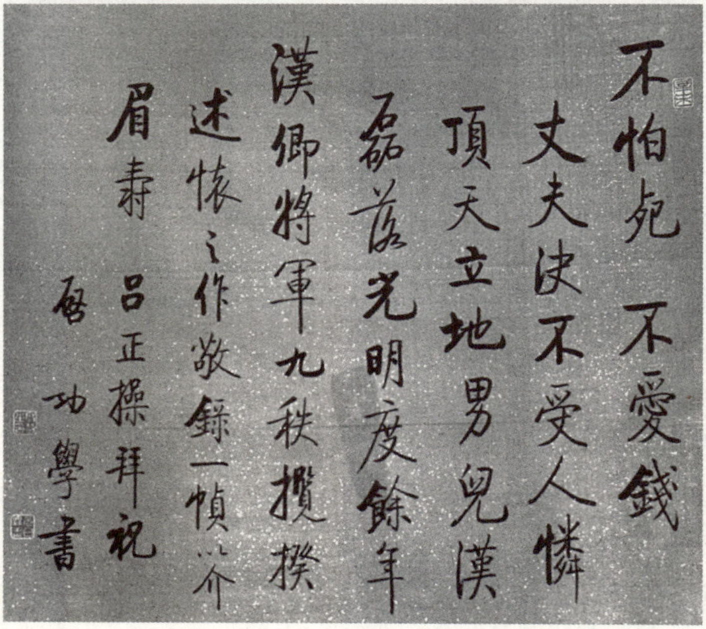

◎ 吕正操将军访美时的秘书刘红路向张学良将军展示启功书写的祝寿挂轴（上图）

◎ 启功书录张学良将军在90岁生日时写的诗（下图）

谈话在轻松、愉快的气氛中进行。

张将军幽默地说："我可迷信了，信上帝。"吕正操随口接上："我也迷信，信人民。"张将军笑着说："你叫地老鼠。"吕正操说："地老鼠也是人民创造的嘛，我能干什么，这都是人民的功劳。蒋介石、宋美龄都信上帝，800万军队被我们打垮了，最后跑到台湾。"张学良随即插话："得民心者昌！"吕正操紧接着说："那都是靠的人民群众！"离别几十年，话哪里一下子讲得完，不知不觉已到中午，吕正操起身告辞，贝太太热情挽留："难得见面，一块吃午饭吧，我和张将军也要出去吃饭。"

于是吕正操一行人随他们去到附近一家中国餐馆吃饭。他们边吃边谈，张将军问吕正操："你怎么跑到周恩来那边去了？"吕正操谈了自己遵照中共北方局指示，率部留在敌后抗日打游击的简要过程，并说："当年你送蒋介石回南京时，我就不相信他能放你回来。你走后东北军就乱了。我赶回部队，接受共产党的指示，趁国民党军队南撤之机，脱离五十三军，留在敌后打日本。"张将军听得很认真，然后愧叹道："我最遗憾的是没能直接参加抗日，你带的部队坚持打日本，对我也是个慰藉。"吕正操告诉他："东北军都参加了抗战，跟着蒋介石的大部分壮烈牺牲了，五十三军在辽沈战役中，先后放下武器，最后在沈阳解放时起义了。"

饭店老板是中国人，他认出了张将军，拿出一张印成美元式的纪念卡，请张将军签名。张将军接过来，端详片刻，风趣地在上面签了个英文名字。这次见面虽感突然，但谈得痛快、舒畅，彼此都很高兴。

分手时，吕正操约他明天下午在外边找个清静的地方再好好谈谈。张将军欣然同意。贝太太提醒他说："明天下午还有一个约会，要去教堂。"张将军果断地表示："教堂明天不去了！"遂请贝太太调整原定日程，约定第二天下午再谈。

再次会面，倾心交谈

5月30日下午，第二次会面的地点安排在曼哈顿一家新开业的瑞士银行总经理办公室，张闾蘅的妹妹张闾芳的丈夫就在这家银行任职。一应生活用具，包括茶杯，都是从我大使馆带去的，非常保密。

◎ 跨越半个世纪的思索（上图）

◎ 吕正操向张学良赠送《冀中回忆录》（下图）

◎ 你说，我听。情怀满腔系故土。吕正操向张学良介绍国内有关情况。（上左图）
◎ 我说，你听。少帅永远心向祖国。张学良向吕正操坦陈己见。（上右图）
◎ 张学良将军给阎明光题写“鹤有还巢梦，云无出岫心”。（下左图）
◎ 1991年6月，张学良在美国仔细观看邓颖超托吕正操带给他的亲笔信。（下右图）

吕正操首先向张将军郑重递交了邓颖超的信，并转达了党中央领导对他的问候。在信中，邓颖超受邓小平委托，诚恳欢迎张将军在方便的时候回家乡看一看。张将军没有使用放大镜，脸几乎贴到信纸上，一字一句地看着，看到末尾邓颖超的签名时，他说："周恩来我熟悉，这个人很好，请替我问候邓女士。"沉思片刻又说："我这个人清清楚楚地很想回去，但现在时候不到，我一动就会牵涉到大陆、台湾两个方面。……我不愿为我个人的事，弄得政治上很复杂。"

看完信，张将军认真地把信叠起来，放进内衣口袋。吕正操怕给他带来麻烦，就问他信带在身边方便不方便，他回答："不碍事，没什么关系。"并表示要写回信，不久，他给邓颖超亲笔复信，其中写道："寄居台湾，遐望云天，无日不有怀乡之感，一有机缘，定当踏上故土。"

张将军还关切地询问了邓小平、江泽民、杨尚昆等中共领导人的情况。特别提到，杨尚昆主席在亚运会期间接见他五弟张学森一家，邓小平的女儿邓琳给他送画，要吕正操代为转达谢意，并表示，如有机会回大陆，一定去拜访中枢诸公。吕正操还向张将军介绍了东北军旧部万毅、卢广绩、刘鸣九、宋黎等人的革命经历和东北军抗日的一些故事，描述了家乡海城新中国建立前后翻天覆地的变化，他听得很认真。吕正操征询张将军对父母陵园管理有何意见，张将军明确表示："对父母合葬很满意，'入土为安'，不必再费神迁坟。"

谈话后，吕正操和张将军一道，驱车前往山王饭店，参加张闾芳为张将军举行的91岁祝寿宴会。席间，张将军又关切地询问广东等沿海地区的经济发展情况。他说："我这一辈子就是没去过广东。"还问到裘盛戎、杜近芳等京剧名角的情况，说："我回家能否听杜近芳唱戏？"吕正操答："可以安排，没有问题。"

张将军虽已91岁高龄，但仍思维敏捷、谈吐风趣。在饭桌上他讲了一个又一个笑话，逗得客人捧腹大笑。

在我使馆，开怀畅谈

张、吕第三次会见，是在李道豫大使别墅。

5月31日和6月1日晚上，旅美华侨先后两次为张学良将军举行祝寿宴会，吕正操敬送的贺幛被张将军特别挂在6月1日聚会大厅的显眼地方，正式向外界透露吕正操赴美为他祝寿的消息。阎明光代表大陆亲朋故旧出席了寿宴，张将军悄悄地托她转告吕正操，希望再见面谈一次。吕正操遂请张将军于6月4日下午，到大使别墅做客。为了工作方便，吕正操就住在李道豫大使在纽约郊区的别墅。那里的工作人员听说张将军要来做客，高兴万分，打扫卫生，购置食品，做了精心准备。他们说，使馆是一个国家的象征，张将军能到我使馆做客，是非常有意义的事情。

6月4日下午4时许，张将军在阎明光、张闾蘅陪伴下来到别墅，给吕正操带来一包台湾产的凤梨酥。这次谈话的范围更广，从过去、现在到将来，从政治、经济到人物，再到海峡两岸将近半个世纪的风云变幻，张将军一一随口道来，很有自己的独特见解。首先谈起两次祝寿，张将军说："我也不一定求这个事，可是我也不好意思不见他们，弄得我很麻烦。我本想早点离开美国的，没打算在这过生日，正好有点事没有办完，只好留在这儿，这样整，是有点太过分。我把话说明白了，我并不希望这个样子，我也不避讳，我也不求之。"张将军曾对记者讲起，他一生中最大的遗憾是未能参加打击日本侵略者的战斗。但在幽居生活中，他时刻关注着抗日战场的形势。这次吕正操又给他介绍了东北军将士抗日的事迹："东北军在抗战时期，整个都是很英勇的，牺牲很惨。蒋介石见哪里危险，就派东北军去哪里。上海作战，蒋介石的嫡系部队撤退了，让咱东北军的吴克仁当后卫。他们渡江时淹死了好多，很惨。蒋介石不仅不加褒奖、抚恤，还就地取消了这个部队番号，剩下的部队都给遣散了。"张学良叹口气说："这事我都知道，我要抗日，蒋先生不让。"他为没能抗日而抱恨终生。吕正操宽慰他说："你这一生做西安事变这一件事就行了，打日本别人替你打了嘛，东北军替你打了嘛。"吕正操还说："老师，我给你提个意见行不行？"张将军说："啊，可以。你提什么意见，就只管说。"吕正操说："老师，你不要把自己贬得太厉害，不要老说自己是罪人，其实你有大功于国家的。"张将军说："我有两句诗：'白发催年老，虚名误人深'，我做了什么？我自个说真的，不是说笑，也不是谦虚，我对国家什么贡献也没有。"谈起日本发动的侵华战争，吕正操说："日本也很蠢，关东军想往北打，甚至想打苏联，打苏联碰了两个钉子，就想把东北数省全占了。昭和天皇是海军抚养起来的，海军想南下，南下不好打，准备拿台湾做跳板，所以把台湾搞得那么好。'九一八'陆军打了东北，第二年'一·二八'海军打上海。他们若不占上海，蒋介石会逐渐把黄河以北让出去，不仅东北不要，黄河以北他也不想要。日本把蒋的老巢——江浙一带抄了，他不得已才应战。如果给他留点余地，他会像南宋小朝廷那样称臣苟安。"吕正操又说："东北丢了，'不抵抗将军'这个黑锅你替蒋介石背了很久。你下野的头一天晚上，还让我回山海关，传令何柱国、缪徵流、孙德荃反攻热河，可是第二天起床，一看号外，说你下野了，反攻热河就成了一句空话。"张将军说："背这个黑锅，我不在乎。"他还说："我这个人脾气很坏，我堂弟就是被我枪毙的，因为他跟日本人勾结。"又说："我不是反对日本人，而是反对日本军阀。"说起日本鬼子的野蛮残酷，张将军说："我跟日本NHK记者说，你日本人当年到南京，拿杀人做威胁，但是，不怕死的人，拿杀人是吓不住他的呀！怕死的人，杀了也无用。你要是仁义之师，那该是什么情况？"吕正操说："中国老子有句名言：'民不畏死，奈何以死惧之'。日本右翼势力不甘心他们的失败，直到现在，对中国实行'侵略'这个词在教科书中都不肯承认。有个叫石原慎太郎的，竟公开说，中国南京大屠杀是中国伪造的，连日本那些进步军人都说他胡说。"当谈到"二二八事件"时，张学良摇着头说：

“国民党到台湾时更加腐败，跟在大陆一样，也搞‘五子登科’（抗日战争后，国民党接收大员到收复区后，先抢金子、银子、房子、车子、女子，被人们讽刺为五子登科。），不是人干的事都干出来了，硬是把台湾人逼反了，我在台湾看得很清楚。有人说这是共产党搞的，依我看，要是有共产党领导，就不会失败，他们（指国民党及其军队）就完蛋了。”

张将军又向吕正操介绍了许多台湾的情况。谈了他对国民党新老人物的看法。谈到蒋家，张学良说：“现在蒋家的势力过去了。……我批评蒋先生的失败，主要坏在两个人身上，一个是戴笠，一个是何应钦。蒋先生要是放松点，把那些杂牌军队都接收过来，就不至于这样了。”

交谈中，张将军尤为关心祖国的统一问题。他说：“我看，大陆与台湾将来统一是必然的。两岸总不能这样长期下去，中国总有一天会统一，这只是个时间问题。……那么如何统一？台湾说我是正统，大陆说我是正统，这个事情是最难解决的。”张将军希望了解大陆对台湾的政策，然后把这个信息传递给台湾当局。吕正操向张将军介绍了中国共产党实行一国两制、和平统一祖国的方针政策：台湾你可以搞你的资本主义，大陆我搞我的社会主义，和对待港、澳一样，不过台湾和港、澳相比，条件更优惠，他可以保留军队，但这个军队不能打内战。张将军说：“那么这个问题怎么解决呢？你不能说这个是‘中华民国’，那个是‘中华人民共和国’，你不能保存两个中央政府，换句话说，台湾不能还挂青天白日旗。大陆为什么就不能放弃武力解决台湾问题呢？”张将军问得很深、很细。吕正操告诉他：“是两种制度，政府不能搞两个，台湾是特别行政区。但是有一条，我们现在不能放弃武力收回台湾这一手段。对台湾人民来说，我们不想用武力，不过台湾要有外敌入侵，或是搞台湾独立，共产党决不能坐视不管。若放弃了使用武力，岂不是束缚了自己手脚，给外来势力、台独分子以可乘之机。”张将军说：“这我能理解。”

张将军表示，愿为祖国的和平统一尽一点力量。他说：“我过去就是做这件事的。……我虽然90多岁了，但是天假之年，还有用得着我的地方，我很愿意尽力，我这不是为国民党，也不是为共产党，我是一个在野人。作为一个中国人，我愿为中国出力。我真是主张国家和平统一的，我不喜欢两岸打起来。我很欣慰的是，现在海峡两岸敌对的意思取消了，假使哪天用着我，我愿意尽力。”

◎ 张学良在我大使官邸就餐

张将军虽幽居五十余年，早已远离政坛纷争，但他对国家、对人民的赤子之心始终没变，用他自己的话来说，他永远是一个“爱国狂”，是一个中国人。谈话持续了两个多小时。吕正操的子女、亲朋故旧旅美的孩子们以及别墅的工作人员先后走了过来，要求与张将军合影留念。叶剑英的孙子也闻讯赶来，张将军高兴地说：“我认识你爷爷。”当年叶剑英作为中共代表团成员，曾和张将军一起商讨过和平解决西安事变的方案。开饭

◎ 张学良将军与我大使馆的徐佩君公使亲切见面

的时间到了，来自江苏无锡的大师傅为张将军准备了一桌精美的饭菜，还准备了“XO”等美酒，张将军却选了绍兴花雕，一杯一杯畅饮起来。

纽约三次会晤，虽未免短暂、仓促，但张将军与吕正操无所不谈，涉猎颇多。临分手时，张将军依依不舍，告诉吕正操，他也许会去洛杉矶与美国总统布什见面，如果成行的话，希望在洛杉矶再次相聚。由于种种原因，张将军未去与布什会面。6月25日，张将军结束了105天的旅游探亲，与夫人赵一荻返回台湾。不久，他托人给吕正操捎来口信：“因眼疾好转，近日不会回大陆治病。”（从上文看，显然是李登辉不同意张回大陆）次年11月30日，张学良又托侄女张闾蘅带信给吕：

正操弟惠鉴：

由美返台，一切尚好，惟耳觉、视力大为退化，九一老人，能如此已知足矣。请代向中枢诸公问候。

张学良再拜上

十一月三十日于台北

张、吕此次会晤距九一八事变纪念日仅有两个多月。为纪念九一八事变60周年，张学良应邀题写了“历史伤痕，痛苦回忆”，由吕正操转交辽宁人民出版社，刊载于《九一八事变丛书》。岁月不居，人生难再。至今张将军仙逝已经几年了。他所创造的丰功伟绩和给华夏子孙留下的宝贵精神财富——爱国情操，将永放光芒！

[第九章]

南开门徒领风骚　学良恩来芳万古

一、“同乡同师”同爱国　各为中华做贡献

张学良1901年6月3日生于逃难中的大马车上，养育在辽宁省台安县桑林子詹家窝堡。

11岁前，其父张作霖在外闯荡，家境贫寒，靠喝高粱米汤维持生计。

周恩来1898年3月5日生于江苏淮安府山阳县（今淮安县）城内驸马巷。

张学良出身于封建军阀家庭，周恩来出身于没落的书香门第。

张学良11岁时生母病故，同年进入沈阳。张作霖聘名师教他读四书五经，学孔孟之道，同时也学英文，使他成为既有深厚的中国传统文化功底，又有资产阶级民主思想的开放型人物。

周恩来7岁丧母，10岁嗣母又故，家中料理两次丧事后，已是债台高筑，靠典当借债度日。他12岁到辽宁铁岭县堂伯父周贻谦家寄居，入银岗书院读书，是年秋，到沈阳伯父周贻赓家，入新建沈阳第六两等小学堂读书，受老师进步思想影响，读了不少进步书刊，并开始习惯了吃高粱米。他比张学良早一年进入沈阳。13岁时，在一次修身课上，回答老师“读书为了什么？”的提问时，答道：“为了中华之崛起！”此句后来成为传世名言。

张学良16岁在沈阳基督教青年会听了张伯苓先生《中国之希望》的演讲，茅塞顿开，精神振奋，感受之深，难以忘怀：“中国之希望不在任何党派，亦不在任何官吏，而在每一中国人之发愤图

强，努力救中国。”他为“息争御侮”，“救国救民”，历经坎坷，最终在中华民族生死存亡的危急关头，力挽狂澜，毅然发动西安兵谏，逼迫蒋介石停止内战，实现全国抗战，成为改变历史发展方向的巨人、中华民族的千古功臣。他曾提出过参加中国共产党的要求，而未被第三国际批准。

周恩来15岁考进天津南开学校读书，成为张伯苓的学生。1915年5月9日，袁世凯接受日本政府提出企图独占中国的“二十一条”修正案，周恩来在一篇作文中写道：“呜呼！处今日神州存亡之秋，一发千钧之际，东临同种，忽逞野心，噩耗传来，举国骚然，咸思一战，以为背城借一之举，破釜沉舟之计。一种爱国热诚，似已达于沸点。”后来他又先后东渡日本、留法勤工俭学，接受马克思主义，最终成为中国共产党、中国人民解放军和中华人民共和国的缔造者之一，鞠躬尽瘁，死而后已。

以上说明，张学良、周恩来既有出身不同、经历各异的人生，又有童年丧母的不幸和“同乡同师”的友谊。张学良在延安会谈时就对周恩来说：“我的启蒙者也是张伯苓先生，我们都是南开人。”他们生长在多灾多难的旧中国，在为中华民族独立解放的伟大事业中都做出了各自的贡献。他们是时代的骄子、20世纪中华民族的精英。他们在救国救民的实践中建立的友谊，不仅是他们个人的友情，而且也是中国共产党人与张学良的友谊。

二、“患难”之中结友谊　周为救张竭全力

张学良与周恩来相识于1936年4月9日的延安会谈。九一八事变后，蒋介石不顾民族危机，依然推行祸国殃民的“攘外必先安内”政策，才把以张学良为首的东北政治、军事流亡集团逼上了兵谏之路。张学良受中国共产党抗日民族统一战线政策的影响和全国广大人民群众抗日浪潮的推动，再加上西北“剿共”三大战役失败的教训，其爱国主义思想进一步升华，开始由拥蒋反共抗日转化为拥蒋联共抗日。为寻求共同抗日之路，他与周恩来在延安的一座天主教堂里举行秘密会谈。张学良表示：（一）完全同意停止内战一致抗日；同意组织国防政府与抗日联军，愿参与酝酿此事。（二）同意红军集中河北，但认为红军在山西恐难立足，出河北太早，最好出绥远，如红军坚持东出，他可通知在直南、平汉路西的东北军与红军联络，还答应可以使驻陕甘的东北军为红四方面军北上让路。在云南的红二、红六军团的活动则需取得中央军同意，他愿为此事活动。（三）蒋介石现在歧路上，虽不会彻底抗战，但有可能争取与其合作，目前他尚做不到反蒋，如蒋降日，当离开蒋，在蒋公开降日以前，不能不接受蒋的命令进驻苏区。（四）将派代表去苏联。中共方面的由张学良派人送至新疆，他可联络盛世才。周恩来说：“关于对蒋介石的政策，中共中央已有考虑，愿将张学良的意见带回去慎重研究。法西斯主义是反共反人民的，没有群众基础。要收复东北，没有广泛的群众参加是不可能的。双方并就通商、互派代表等问题商定了办法。”是年4月22日，周恩来致函张学良，内称：“九日会谈‘快慰平生’，中共中央诸同志‘咸服先生肝胆照人，

诚抗日大幸。’”信中诚恳忠告张学良“为抗日固足惜蒋氏，但不能以抗日殉蒋氏”。

◎ 张学良与周恩来在一起交谈(油画)

西安兵谏后，张学良骑虎难下，进退两难，问策无人，特邀中共派人到西安共商大计，12月17日，由周恩来、秦邦宪、叶剑英等20多人组成的中共代表团抵达西安，周恩来作为中共的全权代表，顾不得休息，昼夜工作，终于使蒋介石答应兑现六项诺言：（一）下令东路军退出潼关以外，中央军决定离开西北；（二）委任孔祥熙、宋子文为行政院正副院长，要二人商议政府名单。决定令何应钦出洋，朱绍良及中央人员离开陕甘；（三）回南京后释放爱国七领袖；（四）联红容共，现在红军、苏区不变，经过张学良暗中接济红军，俟抗战起，再联合行动，改番号；（五）立即召开国民大会；（六）联俄联英美。迫于形势，蒋介石在登机前还对杨虎城说："我的错误，我自己承认，你们的错误你们承认"，"我答应你们的那些事，我回南京后一一都可实现，你们放心，不然，我怎能成为你们的领袖？"为恢复蒋介石的威信，使他好见人，好做事，好领导全国抗日，并看着他一一落实在西安答应的各项条件和压一压南京侵日派的嚣张气焰，向世人表示其无私无畏的坦荡胸怀，张学良不听杨虎城的劝告和部属的反对，也未告知周恩来，毅然送蒋返宁，当周恩来追至机场时，飞机已经起飞了，因此留下终生遗憾。

蒋介石回到南京，背信弃义，长期囚禁张学良。因此引起东北军、西北军和红军三位一体的愤怒，其内部在救张问题上发生和、战之争，以致在东北军内部一部分极左的盲动主义分子枪杀爱国将领王以哲。是周恩来甘冒袒护极左派的嫌疑，让刘鼎将制造杀王事件的首要分子应德田、孙铭九、苗剑秋等人送到云阳镇红军驻地，才避免了东北军内部自相残杀的悲剧蔓延。与此同时，他立即代表中共中央到王以哲家中吊唁。

张学良身陷囹圄，周恩来与有关人士竭力营救。

1937年1月10日，周恩来亲自写信给张学良，指出："自兄伴随蒋先生入京后此间一切安然，静候蒋先生实践诺言，由兄回来主持大计。及撤兵令下，特赦成文发表，愈是使大家认识蒋先生的信义和宽宏，乃事未及周，蒋先生休假归里，中央军竟重复压境，特赦令转为扣留，致群情惶惑愤懑不可终日，……临颍神驰，伫候明教，并希为国珍摄万岁！”

是年2月17日，张学良密函周恩来：“柱国兄来谈，悉兄一本初衷，一大无畏精神维此危局，尤对东北军同人十分维护，弟闻之甚感。红军同人种种举措，使人更加钦佩。弟目下（闲）居读书，一切甚得，请勿远念。凡有利于国者，弟一本初衷，决不顾及个人利害。如有密便，盼有教我，并代为向诸同人致敬意。”

就在张学良发出上信的次日，周恩来致函蒋介石，明确表示，在张学良未返之前，他不能应蒋之约赴京与之会谈。是年6月20日，在周恩来的支持下，“东北抗日救亡总会”在北平正式成立。八一三事变后，东北抗日救亡总会由南京撤退武汉。周恩来通过刘澜波等东北抗日救亡总会领导人与东北军的一些将领和东北各界人士一直保持着紧密联系，他代表中共中央继续积极努力营救张学良。

1944年12月24日，周恩来代表中国共产党电复美国总统罗斯福的私人秘书赫尔利，正式提出国共恢复会谈的四项先决条件，其中第一条就是“释放张学良、杨虎城、廖承志及其爱国被囚人士。”

1945年4月30日，周恩来在中国共产党第七次全国代表大会上作《统一战线》报告时，对蒋介石扣留张学良一事表示了极大的义愤。

1946年1月，在重庆召开的旧政协会上，周恩来当面质问国民党当局：“现在强调国内团结，这使我想起一位对国内团结贡献最大的人，这个人是你们的朋友，也是我们的朋友，那就是张汉卿将军。他至今还没有获得自由。”

是年4月19日，张学良秘密致函周恩来：“别来十年，时为想念，（兄）当有同感。现日寇已经驱出，实（为）最快心之事。尔来兄又奔走国事，再作红娘，愿天相（助），早成佳果，此良所视下昂（者）也。近日有人惨死，数难闻之，为之一痛，只心吊而已。良一切尚好，余不尽一。”

是年4月28日，周恩来在重庆曾家岩50号举行的与重庆文化界人士的话别茶会上，报告了东北谈判的经过。他说：“谈判耗去了我现有生命的五分之一，我已经谈老了。”这时，曾与张学良有深厚关系的王卓然说：“周先生十年谈判生涯，虽然太辛苦，但将来的历史自有崇高的评价。只可怜那个在息烽钓了十年鱼的人，他这十年钓鱼的日子不是容易过的呀！……”这番话引得大家十分难过，周恩来脸上闪动着悲凉的泪花。

同年12月12日，延安举行西安事变十周年纪念会，周恩来在会上再次呼吁：“现在抗战胜利已经一年多了。然而张、杨两将军却被蒋介石囚了十年。这段公案人民会起来给予正当地裁判。”“在纪念‘双十二’的今天，我们要求立即释放张、杨两将军！”

1956年12月，东北各界人士在北京召开纪念西安事变20周年座谈会。周恩来在会上高度赞扬张学良、杨虎城：“由于西安事变，张、杨两将军是千古功臣，这点是肯定的。”“张汉卿是个英雄人物，很豪爽……汉卿将来能挽救出来最好，但无论如何，他是千古不朽的人物，他是名垂千古的了。”

1960年，周恩来托友人到台湾巧妙地转交张将军一纸条，上书：“善自珍摄，修身养性，前途有望，后会有期。”（此信还有另一版本：“为国珍重，修身养性，前途有望，后会可期。”）张学良看后心照不宣。

1961年12月12日晚上，周恩来在北京饭店举行记者招待会，纪念西安事变25周年。席间，周恩来重新回顾事变，追忆了他与张、杨二位将军的友谊，赞扬他们在民族危亡关头挺身而出的义举，对至今仍未全面恢复自由的张学良表达深深地怀念。张学良的四弟、海军参谋长张学思异常激动，在给周恩来敬酒时竟泣不成声，周恩来也忍不住流下热泪。他说：“我的泪是代表党的，不是我个人的。25年了，杨先生牺牲一家四口，张先生还扣留在台湾，没有自由，怎能不使人想起他们就落泪呢？”

1966年，党中央本拟举办纪念西安事变30周年活动，因爆发“文革”而落空。

多少年来，党和全国人民都一直在怀念、时刻在关心着张学良将军，感念他和杨虎城将军为国家为人民做出的特殊贡献和付出的巨大牺牲。周恩来常对身边工作人员说：“我们夺得了政权，但是不要忘了帮助过我们的朋友，有的现在还在台湾，等祖国统一了，一定要关照这些朋友。张学良就是其中的一位。”对张学良的亲朋故旧，周恩来也给予无微不至地关怀，为解决京津两地张学良的亲属的生计问题，他特指定由张的部下于学忠办理，将西城区张家所有的顺承王府（今全国政协所在地）作价买下来，把房款存入银行，以待张家弟兄随时支取（张学思夫妇表示不要）。

1974年9月29日，周恩来就出席国庆招待会人员名单事，致信王洪文及中共中央政治局：“因林彪利用东北军一案，大搞东北民主人士，现在吕正操同志已经平反，张学思已死（此案亦应弄清），因此有必要增加张学良之弟、张学思之兄张学铭。”

1975年9月，周恩来身患癌症，病情非常严重。但他仍关注着在台湾的张学良。从一份《情况反映》上得知张学良患了眼疾，且有失明的危险，他立即提起笔来，用颤抖的手写下批示，要有关部门查清具体情况，想办法给予帮助。周恩来还不放心，又在批示后连加了三个字：“托！托！托！”

张学良多次说过，他最佩服的人是周恩来。周恩来则竭力营救张学良，至死都念念不忘，但又怕张学良遭到杨虎城一样的下场。就在50年代，周恩来还曾传话给蒋介石，要他不要杀张学良，“否则大家将来也不好见面。”

三、党和人民常思念 期盼将军归故里

现在参加过国共两党和谈的主要人物大都作古，新一代中共领导人仍然一如既往地关心着这位千古功臣。1990年亚运会期间，国家主席杨尚昆亲切接见张学良的五弟张学森一家，表示希望张将军回大陆看看。同年召开“双十二”事变54周年座谈会，中共中央总书记江泽民亲自出席，并根据邓小平的意见作了重要讲话。他说，毛主席、周总理在世时，经常提到西安事变的伟大功绩，邓小平、邓颖超等同志都很关心张将军的健康，人民将永远铭记他和杨虎城将军的伟大功绩，学习他们的爱国精神。邓颖超担任第六届全国政协主席和中央对台工作领导小组组长期间，中央又委托她主管与张学良的联络工作。

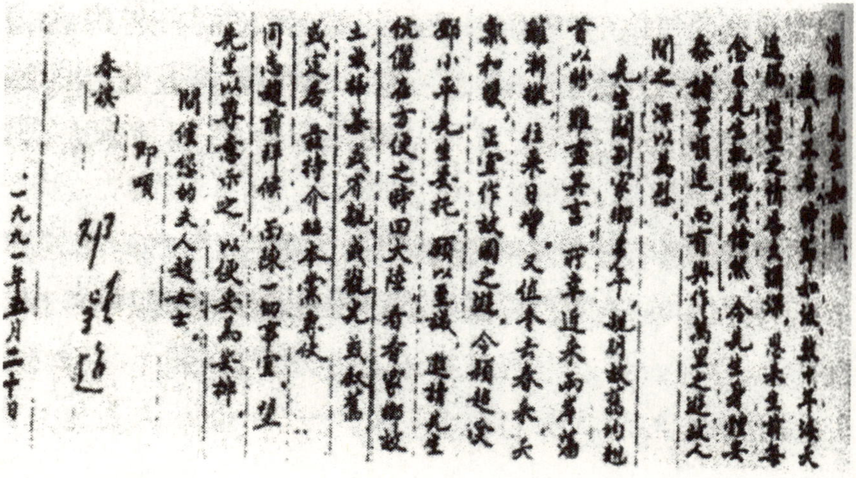

漢卿先生如晤：
歲月不居，時節如流，數十年海天
遥隔，[illegible]望之情，[illegible][illegible]俱深。[illegible]來[illegible][illegible]每
念及先生[illegible][illegible][illegible]依然。今先生身體安
泰，諸事順遂，而有興作萬里之遊，此人
聞之深以為慰。
先生闊別家鄉多年，親朋故舊均[illegible][illegible]
會以聆[illegible]，難盡其言。所幸近來兩岸
關係漸趨緩和，往來日增，又值冬去春來，大
氣和暖，正宜作故國之遊。今穎超受
鄧小平先生委托，願以至誠，邀請先生
伉儷在方便之時回大陸看看家鄉故
土，或訪親會友，或觀光覽勝，或
或定居，當將今後本宗來意[illegible]
同志趨前拜候，面陳一切事宜，望
先生以尊意示之，以便妥為安排。
問候您的夫人趙女士。
即頌
春祺！
鄧穎超
一九九一年五月二十日

◎ 1991 年 5 月 20 日，邓颖超给张学良的信。

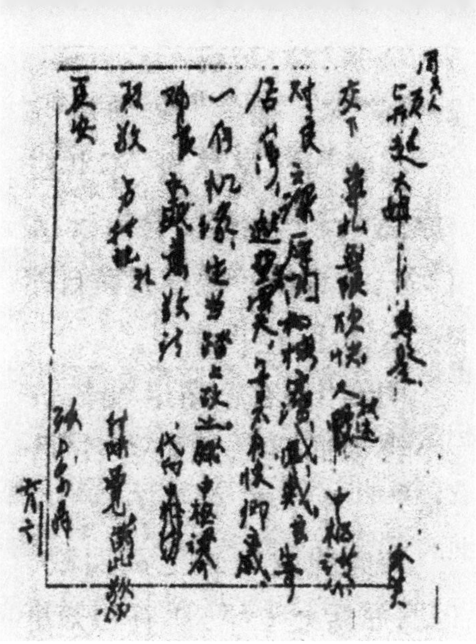

◎ 1991 年 6 月 2 日，张学良给邓颖超的回信。

是年5月30日，邓颖超致电张学良，对他90寿辰表示祝贺：

汉卿先生如晤：

欣逢先生九秩寿庆，颖超特电表示深挚的祝贺。

忆昔54年前，先生一本爱国赤子之忱，关心民族命运和国家前途，在外侮日亟，国事危殆之秋，毅然促成国共合作，实现全面抗战；去台之后，虽遭长期不公正之待遇，然淡于荣利，为国筹思，赢得人民景仰。恩来在时，每念及先生则必云：先生乃千古功臣。先生对近代中国所作的特殊贡献，人民是永远不会忘怀的。

所幸者，近年来两岸交往日增，长期隔绝之状况已成过去。先生当年为之奋斗，为之牺牲之统一祖国振兴中华之大业，为期必当不远。想先生思之亦必欣然而自慰也。

我和同辈朋友们遥祝先生善自珍重，长寿健康，并盼再度聚首，以慰故人之思耳！

问候你的夫人赵女士好。

邓颖超

1990年5月30日

数十年来，尽管张学良被放逐林下，栖隐山间，远离政治，与世隔绝，年复一年。他在大陆的亲友、故旧遥对明月，寄诉思念之情，悠悠之口仍在谈论他，报章杂志仍在追踪他，电影、电视仍在再现他，历史学家仍在研究、探讨他；他当年寓居的公馆，已修葺一新，大都作为爱国主义教育基地，供人参观学习。全国人民热切盼望张将军能早日返回故里，东北的父老乡亲更希望在有生之年能跟张将军再见上一面。

1996年12月12日，国家主席江泽民在西安事变60周年纪念大会上发表重要讲话。他说："西安事变是件大事，在中华民族斗争史上写下了光辉的篇章。今天我们纪念它，就是要弘扬张学良、杨虎城将军和中国人民表现出来的高度爱国主义精神。""张、杨两将军的爱国赤诚和为民族利益奋不顾身的高尚情操集中体现这种伟大的民族精神。西安事变后，中国共产党和一切爱国力量共同努力，建立广泛的抗日民族统一战线，推动了全国的抗战高潮，为最终打败日本侵略者，取得近代史上中国人民反抗外国侵略者的第一次完全胜利奠定了重要的政治基础。"他号召"全国人民进一步团结起来，海峡两岸、海内外一切爱国者进一步团结起来，为实现中华民族的全面振兴，为完成祖国统一大业而努力奋斗！"

1996年，当记者请张学良对国共两党当年历史作简要回顾时，他说："当年的'剿共'没有得到人民的支持，人心在共产党一边，所以才导致国民党在大陆的失败。"当记者问他一生最敬佩的人是谁？他答道："是周恩来。"当得知邓颖超病危时，曾表示希望能和张将军再见一面时，他感叹地说："没能再见周恩来先生和夫人，这也是我的终生遗憾。"邓颖超逝世后，张学良委托侄女张闾蘅给邓颖超灵堂敬献花篮，表示哀悼。他们之间的诚挚友谊，堪称楷模。

[第十章]

寿比南山百春度　星陨长河千秋憾

一、何以高寿

张学良是20世纪中外历史上一位颇富传奇色彩的伟大爱国者。他因发动西安事变，从地位显赫的统帅，跌入“囚徒”深渊，落差之大，可谓天上地下。在抗战动乱的年代，他辗转迁徙南京、浙江、安徽、江西、湖南、贵州、四川、台湾等地，2001年10月15日长眠于美国夏威夷。

很多人都想知道，张学良小时候身体不好，年轻时生活荒唐，吸毒而后戒除，随之而来，又是长达半个多世纪的“囚徒”生涯，他何以能高寿?

笔者以为，他之所以健康长寿，主要有以下几方面原因：

优越的绿色环境

张学良的幽居地，一般都在远离喧嚣闹市的深山老林，是和尚、道士、尼姑的居住地。以他居住时间较长的奉化雪窦寺、郴州苏仙岭、沅陵凤凰山、修文阳明洞、贵州麒麟洞、桐梓天门洞、台湾井上温泉与北投新居为例。这些地方都是森林茂密、古树参天、碧草绿荫、鸟语花香、风光秀丽的山川美景，地地道道的绿色环境，空气新鲜，氧气充足。他每天清晨，都走向重叠的山间，寻找一份自然野趣。到台湾新竹井上温泉后，“每天六时左右起床便进温泉浴室淋浴。先全身冲得精湿，然后按摩，这样既活筋，又出汗，全身舒服。早饭后，便到山上丛林里散步，去一会儿至少要走上千步，有时还来个小跑步。”

山间丛林中的生活，为张学良长寿提供了极为有利于健康长寿的客观环境。蒋介石软禁张的本意是让他与世隔绝，读书思过，在漫长的寂寞中

◎ 2000 年 6 月 1 日，中国驻美国洛杉矶副领事许士国（后站者）专程到夏威夷张学良寓所拜奉，并代呈国家主席江泽民发去的庆祝张将军百岁华诞贺电（赵一荻在看贺电）。右下角则为庆祝百岁华诞花篮，上书“恭贺张学良将军百岁华诞”。

了此一生，结果适得其反，却为张学良长寿于他们父子，创造了难得的条件，这是蒋介石始料未及的。

高尚的精神境界

（1）心底无私天地宽

张学良在1990年90寿诞时，给他的学生张捷迁先生题写小诗：“不怕死，不爱钱，丈夫决不受人怜，顶天立地男儿汉，磊落光明度余年。”

次年，他对采访他的台湾记者讲：人生的主要目的不是为了钱，钱不是第一位的，第一位的应是想想自己为国家、为社会、为人民做了点什么，有什么贡献，甚至更高尚一点，你对世界做了点什么。在人生三不朽（即立德、立功、立言）方面有什么建树。这就是张学良的人生哲学与追求的远大目标。

在战争年代，张学良不顾生死，率先士卒，冲锋陷阵。为挽救民族危亡，不顾身家性命，与杨虎城发动西安事变，逼蒋介石停止内战，联共抗日。他说，人的生死，不过是换个地方而已，没有什么可怕。不怕死的人，其实并没有死，怕死的人，活着又有什么用？这就是他的生死观。

（2）视功名利禄财富如粪土

1931年九一八事变后，张学良的日本顾问本庄繁把他留在奉天的部分财产装上特别列车，送到了北平。在阴谋与欺诈已成为家常便饭之事的日本关东军中，本庄繁的这种诚意与古老作法，虽然使

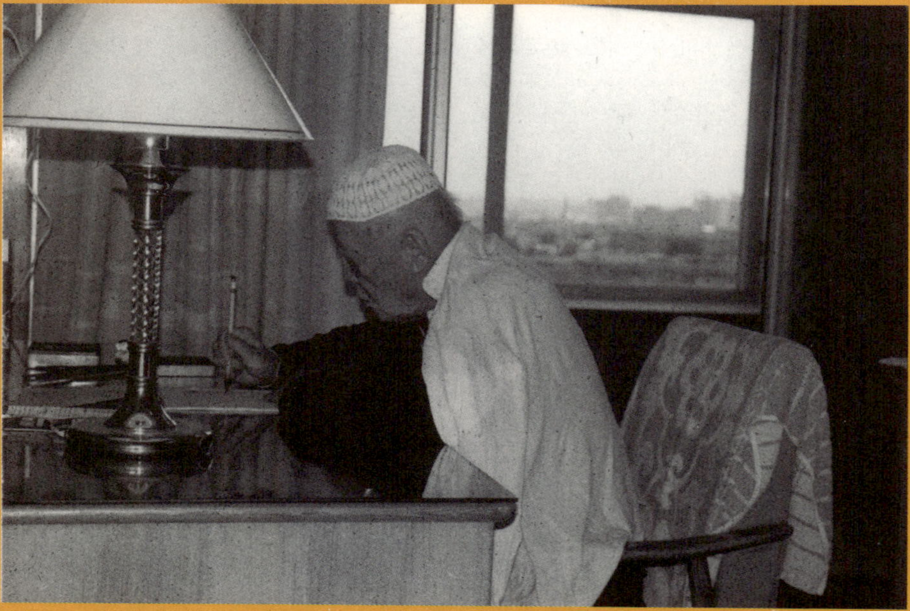

◎ 2000年5月27日，抗日名将吕正操在301医院体检期间，给张学良将军书写庆祝百岁华诞贺信。

人觉得有些用错了地方，但这件事却给张学良留下了鲜明的记忆。他说：“本庄繁把我的私人财产，送来两列车。他派一个人来，给我写了封私人信。我收到信，跟那人说：我的东西不能收，我绝不收。我们两个人虽然过去是朋友，关系很不错，但是现在就等于敌人一样。你这样对我，等于羞辱我。这件事不是我（你？）个人发起的。我说了一段故事：当年美国华盛顿作战的时候，有人保护他的房子。为这事他很难过。他说：‘我是军人，作战为保护我自己的财产，等于羞辱我。’我对来人说，你等于羞辱我。你务必将东西拿去，我家里怎么摆的，你给我怎么摆上。假如你要不拿回去，我就在北京火车站都放火烧喽。这等于我羞辱你。所以请你拿回去。后来他把东西带回去了。”张学良还说过：我这一辈子从不看重金钱，更不看重财产。

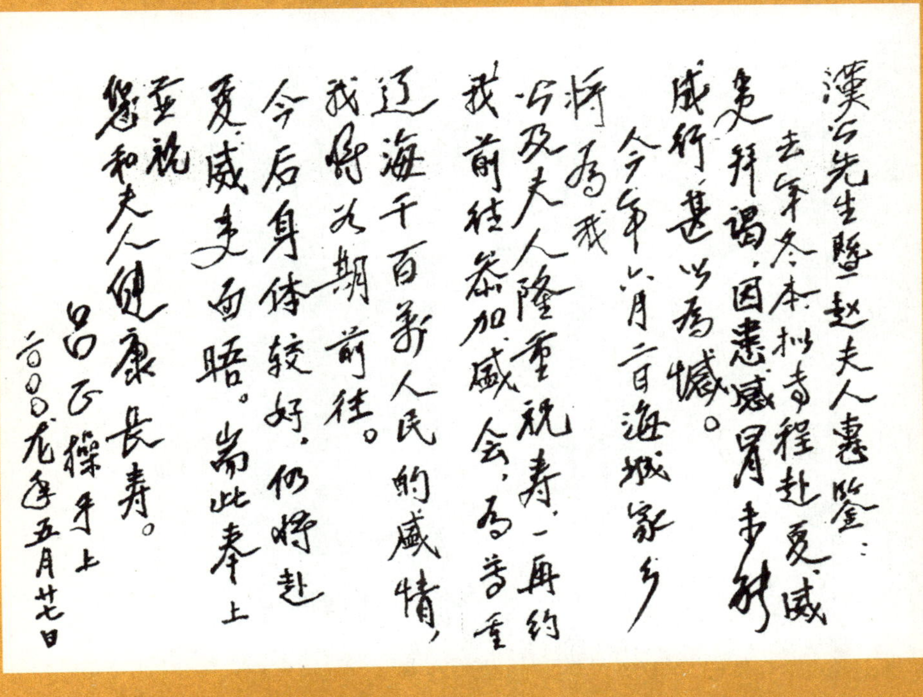
漢公先生暨趙夫人惠鑒：
去年冬本擬專程赴夏威夷拜謁，因患感冒未能成行，甚以為憾。
今年六月二日海城家乡將為我
公及夫人隆重祝壽，一再約我前往參加盛會，為尊重遼海千百萬人民的盛情，我將如期前往。
今后身体較好，仍將赴夏威夷面晤。耑此奉上
并祝
您和夫人健康長壽。
呂正操手上
一九九〇年五月廿七日

◎ 2000 年 6 月 3 日，张友坤等在夏威夷张学良将军住地与其合影。后站者右起：张友坤、徐文惠、阎明光、张闾蘅。（上图）

◎ 张学良将军在散步时，常有记者或久仰者去拜望他，并与他一起合影。张将军总是亲切地和他们微笑招手，后站者张闾琳（左）与阎明光（右）。（下图）

◎ 2001 年 6 月 3 日，本书作者张友坤向张学良展示任仲夷（前广东省委书记）为张学良百岁华诞书写的寿屏。

1945年，抗战胜利之后，在北平的一批张学良旧部、朋友鉴于张氏财产在日本投降后无人接收的现况，决定由彭相庭出面给南京的宋子文写信，请求由宋出面向蒋介石恳请发还张学良，很快就得到蒋的首肯。

为此，张学良给大姐张冠英写信：“……陕西的房地产业蒙您劳神，我要说明的：咸阳和平凉城外有一块地是我私人的。现在请您也不必查询。平凉的地，那不是我的私产，那是我准备给东北流亡关内的眷属住宅和生产的，如同西安城外的村子一样，那钱也不是公款，也不是我的私

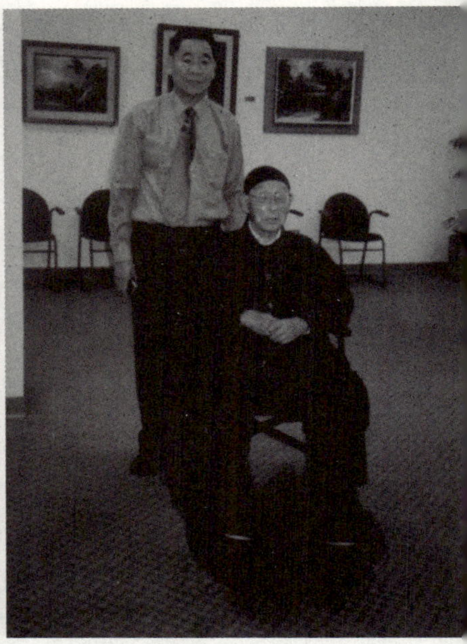

◎ 2000年6月3日，张学良将军在仔细翻看本书作者张友坤为庆贺他百岁华诞而编著的《张学良世纪风采》（大型画册）。后排左起张友坤、徐文惠（徐海东大将的女儿）、阎明光、张居信（张学良长孙），拿画册者为张学良的侄女张闾蘅。（左图）

◎ 斯人已去，念想翩翩。2000年6月3日，张学良将军与本书作者张友坤留影于美国夏威夷。（右图）

产。财产多少，在何处，我是弄不十分清楚的。除了爸爸给留下来的，我买的房子地，或者股票等等，不是为了好玩，就是为了帮朋友们忙。我从来不十分注意它们的。我向来抱着‘楚弓楚得’的原则。我希望您也这样。咱们不会饿死的，就是饿死亦是应该了。‘暴民暴物’也不晓得做过多少罪孽事，‘披发冠缨’为义，我愿为之。如果因为钱财事，和人争长争短，那，我是不肯做的。儿孙自有儿孙福，莫为儿孙做马牛。我现在想起张江陵的一首诗，录于您。您看多么大气！‘千里捎书为一墙，让他几尺又何妨，万里长城今犹在，不见当年秦始皇。’人当如此。”

不把闲事挂心头

张学良说，如果一个人没有信仰主题，生命是空虚的，人没有信仰，只能像水上的浮萍一样飘来飘去，人不是为个人活着，而是为别人活着。他一生历尽坎坷、曲折，都是在为中华民族的独立解放、繁荣富强而奋斗，即便身陷囹圄，也不改爱国初衷。在晚年，他完全生活在耶稣基督的世界内，其所有的喜怒平安，都由他来决定。

“春有百花冬有雪，夏有凉风秋有月；不把闲事挂心头，本是人生好季节。”仔细想来，“不把闲事挂心头”七个字，正是张学良总结的长寿之道。他心实志坚，认为自己所做的事是正义的。

按张学良的说法，他能长寿非常简单：过简单生活，什么都不放在心上。他跟台湾作家郭冠英说：“我为什么长寿？就是睡觉睡得好，我就是这个样子，无论什么时候，我要睡觉，就躺在那儿睡觉。没关系，就是有人在那干什么，我都照样睡觉。我长寿最大的原因，我这个人真不知道，只是不知道愁。不跟你说笑话。真的不是我说笑话，你明天要枪毙我，我今天晚上也照样睡觉。我不管那些事，我是不在乎的，我就要睡觉。我这一生，就真的可以说不怕死，不爱钱，……我现在正在度余年。”他又说：“我这个人没有什么养生之道。我就是好吃好喝好睡，有时候我可以整整睡上一天也不睁眼睛。至于喜欢吃什么？我内人烧的菜就很好，有北方人的风格。喜欢喝什么？我当然喜欢喝白开水，咖啡和茶，我也喜欢。这就是我长寿原因嘛！”

美满幸福的家庭

张学良有两位贤内助——于凤至与赵一荻。于凤至协助张学良主管家务，赵一荻协助张学良处理政务。张学良幽居在浙江奉化时，于、赵有时轮流陪伴他，有时二人同在。1940年，于凤至赴美就医，赵一荻将刚满10

岁、还不能自立的亲生儿子张闾琳，化名交给美国的一位朋友抚养，只身前往贵州修文县阳明洞陪护张学良。他们相濡以沫，患难与共。一直到她故去，整整60个春秋。

张学良精力充沛，兴趣广泛，爱好也多。凡是张学良要做的，赵一荻就陪着做，跟着学，样样都会。用英语与张对话，陪张打网球。张学良研究明史，写文章，赵就给他买书籍、查资料。当张学良厌倦读书，喜欢文物古玩时，就由赵一荻前去采买。

在台湾，有记者问他们为什么能如此相亲相爱，成为世人楷模？赵四说："我喜欢他，是因为他为人诚实，从不欺骗人，对自己做的事，敢于负责。"问张学良："你怎么爱她？"张笑着说："她能烧很好的菜，我

◎ 1992 年 7 月，张学良与赵一荻在台北家中留影。

◎ 1992 年 8 月 29 日，张学良到台北中正机场迎接赴美探亲归来的赵一荻。

爱吃。”记者问：“难道你们之间就没有一点矛盾吗？”张说：“那也不是。家庭中哪能不发生矛盾，发生矛盾，各自都让一点就是了。”赵说：“这都是上帝的安排，上帝让我干啥，我就干啥。他让我跟他好，我就好好做。”

健身以恒

张学良从小就是一个好动的人。入讲武堂后，身体由弱变强，他喜爱各类体育活动，尤爱打网球；骑摩托、开汽车、驾飞机样样都会。

他在戎马倥偬的战争年代，为解除精神疲劳，染上毒瘾。出国前以非凡的毅力将其戒除，归国时，身体之好，判若两人。在幽居期间除坚持打网球外，还玩双杠、做体操、打麻将、下象棋、常散步、爱垂钓。

1993年张学良在会见东北大学一位教授时讲过这样的话：“人体是一个运动不停着的组合肌体，始终处在循环往复的有序运动之中，才维系着生命的生存。上了年纪的人除心绪要开朗外，要创造条件到树林去吸收新鲜空气和做力所能及的活动，让自己谷气消、血脉通、筋络活、增健康，预防体魄老化。”

◎ 此为张学良、赵一荻陪莫德惠在自己住处附近的球场打网球后拍摄的。这张照片后来在各种书刊上常能见到。照片冲洗后张学良提款送了一张给莫德惠，而这张是张学良自己保存的，准确地拍摄日期是1947年5月16日，左一为刘乙光，几乎在所有照片中，他与张、赵一直保持着“距离”，而且面无表情。

读书养花兴趣多

◎ 研究明史，是张学良幽禁期间的一大“收获”，他经常托人买书，列出书单让家人请毛人凤帮助购买。宋美龄知晓后，专门请了一位明史专家到山里来“伴读”，青灯古卷，读书知兴替。

看书写字，这是张学良幽居生涯中又一爱好。他潜心研究明史、佛教和圣经，颇有成就。在台北和夏威夷，人们说他老而思维敏捷，神志清晰，故事连珠，说话极有条理而具感染力，有时还发出令人解颐的幽默语言。这恐怕与他每日勤读书，善用脑有关。

张学良对中国传统文化的造诣颇深。“称他琴棋书画样样都会并不为过。他熟读四书五经，《三国演义》、《鲁迅全集》等书已读得很熟。在台北时有些场合会用孔孟学说谈今古之事。他认为“三人行必有我师”、“开卷有益”、“学而不厌”、“不耻下问”等，是每个欲求知识长进的人必备品德。他评说鲁迅改造国民有深刻的洞察力，对国人有哀其不幸，怒气不争的痛感。

他常年练习毛笔字，书法效法黄庭坚，有时也写钟鼎体和隶书。他还喜爱写诗作画，早在幽禁台湾新竹井上温泉时，对第一位前去探望他的军方人士莫德惠，就即兴书写五绝一首：“十年无多病，故人亦未疏；余生烽火后，唯一愿读书。”

如前面章节所述，张学良莳养国内外的各种名兰，不惜工本，在兰界传为佳话，对兰文化之研究，造诣颇深。

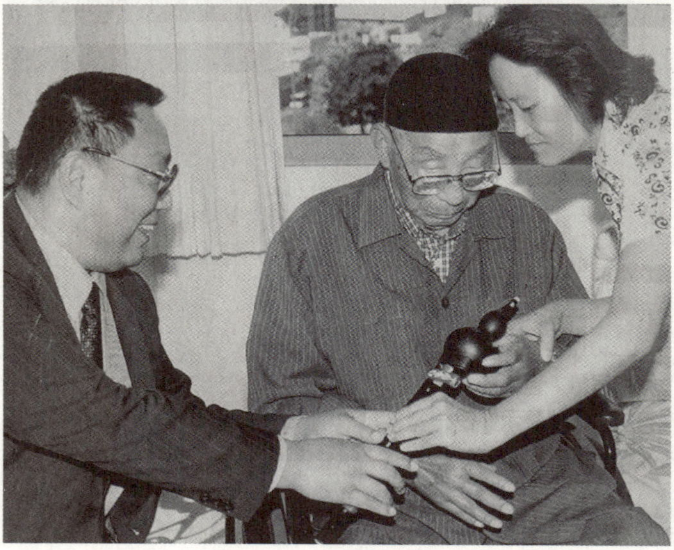

◎ 1992年8月6日，张学良到台北士林中影文化城观看敦煌文物。(上图)

◎ 西安事变前，邓小平得了严重的伤寒，已经昏迷不醒。正巧这时张学良派副官给红军送来两车慰问品。聂荣臻决定把其中的炼乳全部给邓小平，这才救了邓小平的命。这份情谊，邓小平一直牢记心中。2000年9月26日，正在美国访问的中国残联主席邓朴方（左）专程到夏威夷拜访千古功臣张学良，并向他介绍中国传统乐器葫芦丝构造。（下图）

合理膳食，乐群好玩

张学良幽居期间，蒋介石用一个团的经费监护他，尽管在抗战后期和台湾“二二八”事件前后，生活上遇到一些问题，但时间都较短。总的来说，蒋介石在物质生活上没有亏待他。难怪张学良给蒋介石写的挽联为：“关怀之殷，情同骨肉；政见之争，宛若仇雠。”关怀者，则主要是指物质生活。尤其是宋子文、宋美龄，对张学良的生活更为关切，有些食品、水果，都是他们从国外买来送给他的。

张学良多吃素食，果菜占其饮食的相当部分，有人说东北人爱吃大块红烧肉，张学良除炒菜中有少量的精肉外，平时极少吃大块猪肉。他住台湾40多年饮食的标准是：一是面粉做的大饼、馒头、面条、糕点成为一日三餐的主食，有时也吃点米饭和牛奶。二是爱吃鲜活水产，包括黄鱼、鲳鱼、海蜇、海虾、大蟹、带鱼等。他认为这些水产含有丰富的钙、蛋白质、脂肪酸，可以分解胆固醇，有益于老年血管畅通。三是常吃果菜。可见讲求饮食结构，也是促成他长寿所不可缺少的因素。

1978年张大千回台湾定居后，他参与“三张一王团团会”（三张以年龄次序为张群、张大千、张学良、一王即王新衡），每月聚集一次，轮流做东，谈写诗作画之经。这一活动，为其生活增添了情趣。

张学良是一个“京戏迷”。一年四季常唱京戏。高兴起来或不看书写字，就以唱京戏为乐。一些早年流传大陆而在台湾听不到戏段子，能在他口里哼出来，人们听得津津有味。

问他这“底子功”是怎么练就起来的，他总是笑着回答说：“得益于东北，得益于老家嘛！”原来他在青少年时，就已是个“京戏迷”了。

1993年8月上旬，他在台北与朋友谈京剧时说道，他略知京剧发展史二三，先后听过名家谭鑫培的戏，30年代听过京剧名家陈德林、裘桂仙、杨小楼、郝奉寿等人的戏，以后又听过梅兰芳、程砚秋、尚小云、荀慧生的戏。张学良在台北的弟弟张学森也很爱京戏。1990年前后每周邀台北名琴师马庆琳到家中操琴吊嗓子，张学良也参与其中。有人戏言张氏兄弟俩是一对“戏胞”。

良好的医疗条件

常言，人吃五谷杂粮，谁不得头痛脑热，张学良也不例外。他在贵州幽居期间患阑尾炎，因得到当年贵州省医院名医的及时治疗，转危为安。晚年在台湾患脑溢血，也因荣民医院的及时抢救，“有惊无险”。后来，张学良把他的长寿归结为上帝的恩赐。实则因上述条件使然。

1991年，台湾的一些新闻记者摸不透他的健身之道，利用当年3月10日下午张学良获准赴美探亲而在中正机场公开露面的时机，纷纷前去追踪采访，询问“长寿要略”，想揭开他的健康之谜。张学良笑着说：“我的一生诸位都知道，作为“刁民”过漫长的漂泊生活，移居台湾45年大家都看到，过的是幽禁生涯，我用行动公布了我的“养生之道”。没有多少好谈的，不必对我作宣扬了。”

到蒋经国接管蒋介石权力中期，张学良认为自己人生的大半已尝遍苦与乐，剩下的小部分不至于坏下去，就得避开政治旋涡，像以往幽居在山上时那样，“什么事都不放在心上”，过那种读书、写字、练身、研究历史、养花种树的生活。这恐怕真是他的“长寿之道”。

在张学良健康长寿的因素中，无私无畏的心态最为重要。谚语曰：“难割舍的功名利禄，要死要活的进退荣辱。想上不想下，能赢不能输。纷纷攘攘，忙忙碌碌。嘴里说不在乎，心理却在打鼓。”在这些方面，张学良真正做到了视功名、利禄、财富如粪土，不计进退荣辱，能上又能下，能放又能收，淡泊明志，宁静致远。这是我们常人难以做到的。

二、魂落异邦

张将军生前为何要离开台湾，不回大陆，最终陨落夏威夷呢？对此，笔者虽未深入研究，愿抒一孔之见。

政治期望落差所致

1996年，台湾研究张学良的著名作家郭冠英先生在寄给笔者的一篇文章中称：至于他（张学良）为什么没有回大陆，这也不是他什么忏悔，……想要他回去是东北的家乡父老，共产党欢迎。他不想也不可能得到什么利益，事情过去60年了，国共关系早变了，国民党的高层，不管主流非主流派，都不反对他回去。他就像孙悟空，把天捅了个大窟窿，给压在五行山下，待真的自由了，竟仍在外流连而不回花果山。

张学良的近乡情怯也有个过程，他本来“想极了”回东北，这是人情之常，但因长久政治禁锢带来的敏感，他又刻意宣称希望不涉政治意义，结果反使这种政治禅机把他给弄乱了。他其实很在乎政治意义，他在90大寿时说：“国家有用，赴汤蹈火，在所不惜”，他实在是开殿待主，希望为中国尽点伏枥之功的。但由于他那个政治形象与台湾的政治发展已脱了节，新主（指李登辉）对他示好，不过是恩显开明，也有清算“老店”（标榜与蒋氏父子有别）的意味。至于张学良代表的中国意义，是被“新店”所欲扬弃隐没的，从这个意义上来说，张学良的远走国外和蒋介石的归葬无门有着相同的历史境域。张学良因为长久幽禁在蒋家后宫，包围在一批难养之辈中，其对政治的隔阂是难免的。因此一旦出山，就诸多混乱且不适应，他本对自己的政治能量还有一定期许，对新升明月尚有期待，但后来发现那月光反射的竟是东邻烈日，他感到迷惑了。台湾的政治他不懂，台湾的政治也不要他，他只有远离是非之地，到海外去独善其身了。

自从中原大战后，张学良的命运就与蒋介石拴在一起，他成了蒋家的一分子，当蒋家在台湾凋零殆尽之后，他也只有步上蒋夫人宋美龄去国一途了。

不过这些都只是阻张学良成行的充分条件，必要条件还是他性格上的弱点加上（对新主）政治期望落差所致。

政治环境的干扰

张学良常说，他是远离政治旋涡的"闲云野鹤"，"采菊东篱"的老翁，没有特权的普通人。其实不然。在笔者看来，他自始至终都没有离开政治，他是为国内外所长久关注的政治人物之一。他是改写中国与世界历史的民族英雄而被蒋介石长期幽禁的"囚徒"（国民党方面则说是"爱护"、"监护"）。幽禁期间，他矢志不渝，非常关心祖国的和平统一；"自由"之后，仍然表示，只要国家需要，他将像年轻时一样尽心尽力；他对日本NHK记者谈话的真正目的，是愿意跟日本青年说几句话，要多想想日本过去的错处，不要再想日本过去的威风。希望日本，不但是青年，尤其是负责任的人，要牢记历史教训，不要"霸道"，要真诚平等地与人家合作，要帮助人家，也是帮助你自己。

1991年3月29日，张学良委托其老部下、原东北大学校长宁恩承先生从美国给阎明光发来电传，盼早日相晤。同年6月4日，张学良在美国与吕正操将军会晤时，说他愿意保留其特殊身份，一旦两岸需要他做什么，他甘心情愿为祖国的和平统一而尽力；并答应将中共中央和平解决台湾问题的一国两制方针，原原本本地告诉李登辉，为两岸传递信息。

张学良与美国哥伦比亚大学著名教授唐德刚商定，合作完成《我说你写录》，却受到国民党秘书长的干扰，不得已与美国哥伦比亚大学的张之

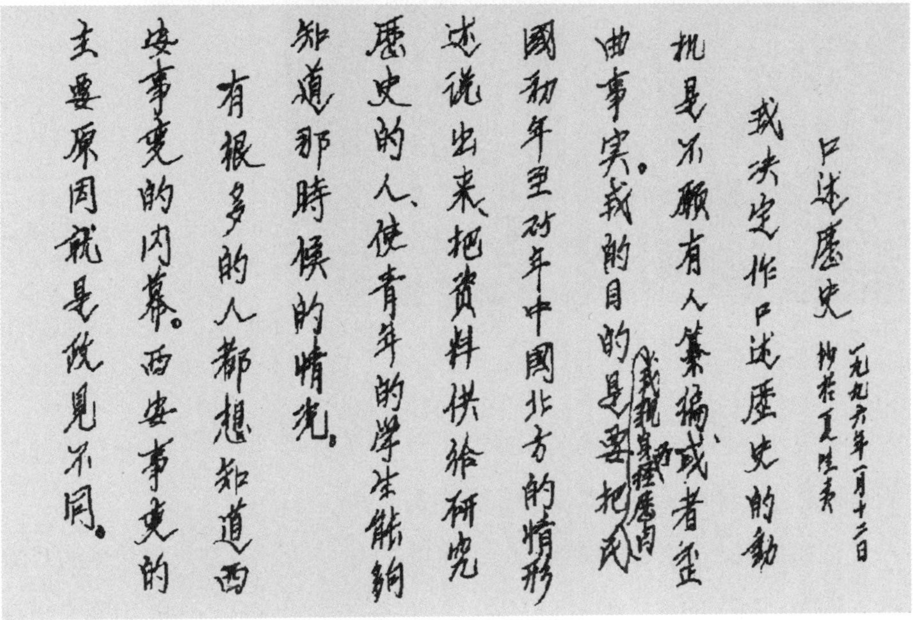

口述歷史

一九九六年一月十二日 抄於夏威夷

我決定作口述歷史的動機是不願有人纂編、或者歪曲事實。我的目的是要把我親身經歷的民國初年至卅年中國北方的情形述說出來，把資料供給研究歷史的人，使青年的學生能夠知道那時候的情況。

有很多的人都想知道西安事變的內幕。西安事變的主要原因就是政見不同。

◎ 1990年1月5日，张学良在台北北投家中与美籍华人、史学家唐德刚合影。（上图）

◎ 此为张学良口授、赵一荻抄录的关于作“口述历史”动机的说明。（下图）

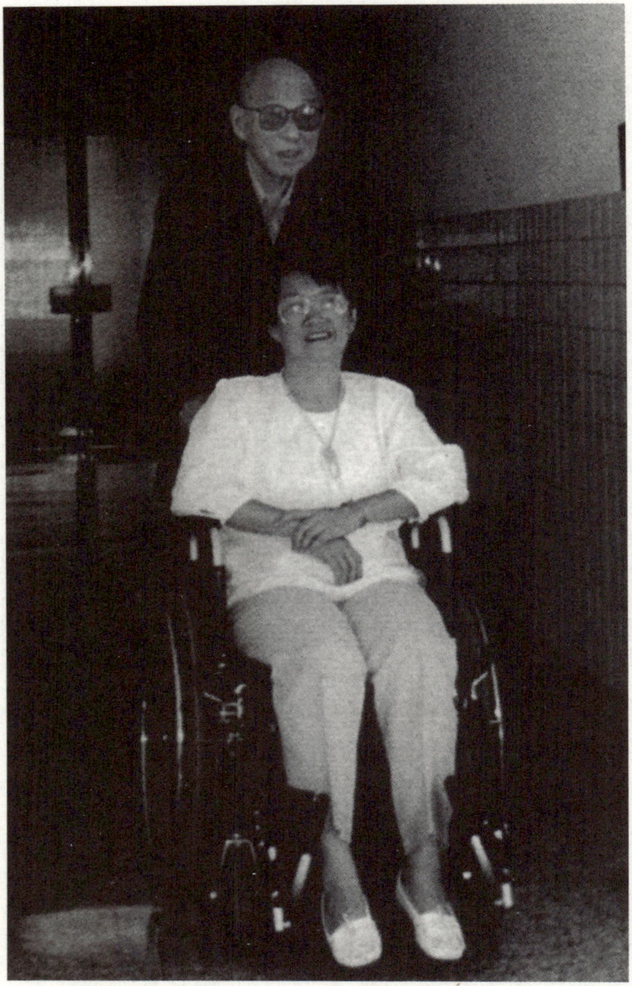

◎ 为张学良作口述历史的张之宇因腿伤不便行走，张学良为其推轮椅助其步。

丙秘密做“口述历史”；回东北家乡走走，还须向“总统”请假；等等，都说明他并非“闲云野鹤”、“采菊老翁”和“普通百姓”。

正如他说，他虽然是在野人士，但其一言一行，还都具有较强的政治性。认为，两岸的形势越缓和，他回家的条件就越成熟。1991年因为李登辉的干预，张学良未能实现他在美国已经作出的“回家决定”。同年末苏联解体，东欧剧变，台湾翘尾巴，两岸关系吃紧；接着，美国违犯中美三

江泽民电唁张学良先生逝世

代表中国共产党和中国人民表示深切哀悼

新华社北京10月15日电 中共中央总书记、国家主席江泽民在获知张学良先生逝世的消息后，今天向张学良的亲属发去唁电。唁电全文如下：

张学良先生亲属：

惊悉张学良先生逝世，十分悲痛。我谨代表中国共产党和中国人民表示深切哀悼！

张学良先生是伟大的爱国者。65年前，在民族危亡的紧急关头，张学良将军和杨虎城将军以爱国的赤诚之心，秉持抗日救亡的民族大义，毅然发动西安事变，联共抗日，为结束10年内战、促成第二次国共合作、实行全民族抗战作出了历史性的贡献，堪称中华民族的千古功臣。此后，张学良先生虽长期遭受不公正待遇，却始终淡泊荣利，晚年仍心系海峡两岸和平统一大业，企盼民族振兴和国家强盛。张学良先生的卓越功勋和爱国风范，彪炳青史，为世人景仰。中国共产党和中国人民永远怀念张学良先生。

张学良先生千古！

中国共产党中央委员会总书记
中华人民共和国主席 江泽民

2001年10月15日

◎ 2001年10月15日，张学良将军在夏威夷逝世。图为江泽民主席发给张学良将军亲属的唁电。（上图）

◎ 2001年10月17日，沈阳张学良旧居陈列馆举行隆重的张学良将军追悼大会。辽宁省政协文史资料委员会主任赵杰（前排左一）、东北大学校友总会秘书长魏向前（二排左一）、张学良暨东北军史研究会会长张德良（二排左二）等前往参加。（下图）

◎ 2001 年 10 月 18 日，陕西省政协副主席姜信真在张学良追悼会上致悼词。（上左图）

◎ 2001 年 10 月 17 日，张学良故乡海城各界人士举行悼念张学良将军大会。左起：潘庆荣（张学良研究会副秘书长）、刘素洁（海城档案馆副馆长）在追悼大会上留影。（上右图）

◎ 2001 年 10 月 15 日，张学良将军仙逝。噩耗传来，高山垂首，黑水呜咽，东北大学师生沉痛悼念老校长，整个校园沉浸在万分悲痛之中。（中左图）

◎ 2001 年 10 月 17 日，东北大学为老校长张学良举行追悼会。此为设在东北大学内的张学良老校长追悼大会会场。（中右图）

◎ 东北大学党委书记、校长赫冀成在东大师生悼念张学良老校长大会上致悼词。（下图）

个联合公报精神，悍然售台F16飞机，中国向美提出抗议，两岸关系再度紧张。这些在张学良看来，都是不利于他回家看看的大环境。

又由于一些冷战思维阴魂不散的台湾人，总把大陆的善意举措视为统战。就连张学良回家看看也不例外。他们唯恐张学良真的回到大陆，会对台湾产生“震撼。”如张群对张学良所说的，蒋氏父子为什么不放你的原因：“你是个宝贝，谁把你抓住，对谁就有用，你明白这句话吗？”意思就是怕张学良跑到共产党那边去，对共产党有用。所以，就把祖国大陆的每每善意之举，与政治挂钩，与统战相连。

张学良思来想去，就是怕为他个人的事，给海峡两岸带来政治上不必要的麻烦，更怕为难李登辉。这些多余的担心，竟使他失掉1991年直接从美国回到东北老家的“天赐良机”。

个人性格与家庭方面的原因

张学良一向是把政治问题与个人友谊分开的，他重情讲义，始终如一。他承认和日本的本庄繁（对号称“满洲建国之父”的本庄繁，张学良曾对日本NHK记者说：“假如我能到日本去，我一定到本庄坟前吊祭他一下。我很想念他。”）既是朋友，又是敌人；为救国，他发动西安事变，为讲义顾大局，在蒋介石口头答应所提六项政治条件后，就不顾一切地送蒋回京。尽管蒋介石的“家法”使他失去终生自由，他却无怨无悔。并认为蒋介石对他的处理，公私兼之，也算适当。

张学良以为是李登辉上台后，张群等才敢公开为他举办规模盛大的祝寿活动。又是李登辉给他到美国探亲与子孙团聚的自由，对李持有好感，感恩戴德。以至于模糊了自己认清李登辉台独面目的视线。（为此，他与吕正操在美国会晤时，在对李登辉的看法上产生分歧，争论了一番，前文已有叙述）结果上了李登辉的当。

当张学良对回乡之行犹豫不定，决心难下之时，和他患难与共的赵四

VALLEY OF THE TEMPLES
MEMORIAL PARK
WINDWARD MORTUARY

小姐怕因回家改变他们多年来的宁静生活而影响健康，对回乡探亲持有异议，使张学良对回家之事，顾虑重重，不好决断。

身体方面的原因

张学良回来的最好机遇是在1991年。他当时身体健朗，思维敏锐，精神矍铄，坐车、乘飞机都毫无问题。而且从美国直飞北京相当方便。错过此时，他的身体日渐衰弱，赵四病上加病，夫妇双方只能靠轮椅行动，此时此刻，他仍想念家乡父老，亲朋故旧，即便决心回来，身体也不允许了。

1998年元月，笔者在旧金山询问张将军的女儿张闾瑛女士、女婿陶鹏飞先生：张将军为什么不回祖国大陆看看？他们说，你到夏威夷见到他，就会明白原因了。还说，去年张学良要去纽约给宋美龄拜寿，因医生说他不能乘飞机而作罢。这也是张学良最终没能回来的又一原因。

简言之，张学良想家是真，未回是实，归根到底，取决于政治上的因素和张学良的决心。

◎ 2001 年 10 月 23 日上午，张学良将军的公祭仪式在夏威夷的博思威克殡仪馆举行。许多当地民众自发到殡仪馆吊唁。（左上图）

◎ 长眠于异邦，这是张学良当年纵横祖国山河大地时未曾想到的。张学良与赵一荻的墓地，位于美国夏威夷神殿谷陵园内。图为陵园入口处一瞥。（左下图）

世纪之星　光耀千秋

——张学良生平年表

| 1901年 |

6月3日，张学良出生在逃难途中的大马车上。

| 1907年 |

从师名儒，读四书五经。胞弟学铭出生。

| 1911年 |

4月，生母赵氏（名春桂）病故，年仅38岁。

| 1915年 |

参加反对袁世凯勾结日本帝国主义签订的卖国“二十一条”游行示威活动。

| 1916年 |

奉父命和长他三岁的于凤至结婚，育有一女三男。

春，经周大文介绍参加奉天基督教青年会，常由阎宝航陪同参加活动。拜奉天交涉署英文科长徐启东为师学习英文。结识普莱德等一批外国朋友。

| 1919年 |

3月，张学良入东北新办陆军讲武堂学习炮科，结识进步教官郭松龄；次年4月以优异成绩毕业，当年授陆军炮兵上校军衔。

| 1920年 |

6月2日，任奉天暂编陆军第三混成旅旅长（东三省巡阅使署卫队旅旅长）。

11月，晋升陆军少将军衔。

| 1921年 |

是年秋，由本庄繁陪同，与张作相赴日本参观秋操。归国后，建议其父改革军制、整顿纪律、严格训练，张作霖采纳了他的建议。

| 1922年 |

7月，张作霖宣布东三省独立，设立“东三省陆军整理处”，7月24日，任东三省陆军整理处参谋长。

9月兼任东三省航空处督办。

| 1923年 |

9月，奉军成立了航空处及航空学校，张学良出任总办和校长。

| 1924年 |

9月15日，第二次直奉战争爆发，张学良任镇威军第三军军长，与第一军组成“一、三联军”，担任山海关一线的主攻任务，打败直军主力，一举扬名。

| 1925年 |

4月，授陆军中将军衔。

10月，任镇威军第三集团军军团长，赴秦皇岛收编渤海舰队，扩大了奉军的海军力量。

11月22日，郭松龄在滦州发表反奉通电。张学良三次要求见郭松龄，遭拒绝。

11月30日，张作霖发布讨郭令，张学良被委任为前线总指挥，在巨流河与郭松龄展开激战。

12月24日，郭松龄反奉失败。翌日，郭氏夫妇被杀。

1926年

6月，张学良任安国军陆军第三方面军军团长。

8月，任东北陆军讲武堂监督。

1927年

5月，在河南和北伐军作战失败，率军北撤。

6月18日，张作霖在北京成立“安国军政府”，张学良晋升陆军上将军衔。

1928年

6月4日，张作霖在沈阳附近的皇姑屯被日本关东军谋害。

6月18日，张学良微服返奉，19日任奉天军务督办；21日，公布张作霖死讯。

7月2日，东三省议会一致推举张学良为东三省保安总司令兼奉天省保安司令。

7月底，东北海军总司令部成立，张学良任总司令。

8月16日，兼任东北大学校长、哈尔滨工业大学理事会主席。

11月30日，就任东北航空司令。

12月29日，宣布东三省易帜，与南京政府实行统一合作，被国民政府任命为东北边防军司令长官。东北军诞生。

1929年

1月10日，“以妨碍统一，阻挠新政”的罪名处决了杨宇霆和常荫槐。

2月，任国民政府财政委员会委员。

7月，受蒋介石唆使，挑起“中东路事件”。

11月，苏军向东北军发起进攻，东北军战败，双方派代表和谈。

12月22日，《伯力协定》签订，“中东路事件”得到解决。

1930年

4月，爆发了蒋、冯、阎新军阀中原大战。

9月18日，发表巧电，拥护中央，倡导和平。

10月19日，命令东北军将领于学忠、王树常率20万大军入关。武装调停中原大战。反蒋联军失败。

10月9日，在沈阳就任中华民国陆海空军副司令。

11月7日，赴南京列席国民党三届四中全会，受到隆重欢迎。同月24日，任国民政府委员和中央政治会议委员。

1931年

5月2日，赴南京参加国民会议，任主席团成员，26日，因患重伤寒住进北平协和医院调养。

9月18日夜，日本关东军制造“柳条湖事件”，以此为借口，炮击东北军北大营。东北军奉命不抵抗，一夜之间沈阳失守，此为九一八事变。

11月16日，国民政府改任张学良为北平绥靖公署主任。

12月27日，张学良电告南京国民政府，日军长驱直入，锦州危急。

1932年

2月29日，章太炎抵北平劝说张学良武装抗日，张学良有口难言，告知蒋介石不抵抗密令。

8月20日，国民政府任命张学良为军事委员会北平军分会代理委员长。

1933年

2月，任华北集团军总司令兼第一方面军总指挥，率军进行长城抗战。

2月21日，热河抗战爆发。

3月4日，承德失守。

3月9日，与蒋介石在保定车站会晤，蒋暗示其下野。

3月11日，发表辞职通电。

4月11日，由上海携眷属乘意大利邮轮起程出国。8个月时间里，相继考察了意大利、英国、法国、德国、芬兰、瑞典等国的政治、经济、文化、军事等。

｜1934年｜

1月8日，由海外返回上海。

3月1日，在武昌就任“豫鄂皖三省剿匪总司令部”副总司令，代行总司令职责。

｜1935年｜

4月2日，由国民政府授陆军一级上将军衔。

10月2日，就任“西北剿总”副总司令，代行总司令职务。设总司令部于西安。

11月22日，任中国国民党第五次全国代表大会中央执行委员、监察委员。

12月，赴南京参加国民党五届一中全会，会后赴上海会见杜重远、李杜。

｜1936年｜

1月初，在洛川前线指挥所会见了在榆林桥战役中被红军俘虏的原东北军一〇七师六一九团团长高福源。高介绍了共产党的主张。是月6日，会见中共人士潘汉年。

3月4日，飞赴洛川与中共代表李克农会谈。

4月9日，到肤施（今延安）与周恩来进行会谈，双方达成“停止内战，一致抗日”协议。

6月15日，任长安王曲军官训练团副团长、代团长。

6月18日，出资创办《西京民报》，宣传东北军复土还乡、团结抗日思想。

6月22日，发表《中国的出路唯有抗日》演讲，表明抗日决心。

9月，任“抗日同志会中央委员会主席”（这是由他直接领导的宣传、鼓动抗日的政治性秘密组织）。

10月5日，毛泽东、周恩来致函张学良，再次申明“停止内战，一致抗日”的主张，并请他转告蒋介石。

10月29日，借赴洛阳为蒋介石祝寿之机会，继续劝蒋抗日，遭蒋怒斥。

11月27日，上书蒋介石，请缨抗战，遭蒋严词拒绝。

12月2日，去洛阳见蒋介石，告之西安情势。要求释放抗日救国会“七君子”。

12月4日，蒋介石抵西安，调几十万大军“进剿”红军。张学良与杨虎城向蒋介石诤谏，遭训斥。

12月8日，与杨虎城秘密商议，劝谏不通，只能“兵谏”。

12月9日，西安数千名学生为纪念“一二·九”运动一周年举行游行示威，前往临潼向蒋介石请愿抗日。蒋下令“格杀勿论”。张学良亲自追到东郊十里铺劝阻。表示：“保证一星期内用事实来答复你们。”

12月10日，蒋介石召集军事会议，决定12日发布第六次“围剿”红军命令。张、杨决心不再与红军作战，要抢先打乱蒋的计划；11日晚，张学良到华清池向蒋介石苦谏，毫无结果。蒋介石决定把东北军调到福建，张、杨决定“兵谏”，并进行具体部署。

12月12日，张学良与杨虎城发动兵谏，逼迫蒋介石停止内战，联共抗日。

12月14日，在西安电台向全国发表广播讲话。取消“西北剿总”，组织“抗日联军临时西北军事委员会”，张学良任主任委员。

12月17日，与红军代表周恩来会谈。

12月20日，与端纳会谈。与杨虎城共同发表《告东北军十七路军将士书》，号召两军将士不惜一切，争取中华民族解放。

12月22日，宋美龄到西安。晚上和杨虎城、周恩来一起与宋子文、宋美龄举行会谈。

12月23日，会谈达成六项协议。蒋介石口头答应，但不签字，以领袖“人格”作保证。张学良决定释放蒋介石，并亲自送蒋介石回南京。

12月24日，周恩来在张学良陪同下会见蒋介石。

12月25日，会见杨虎城和东北、西北军高级将领，向他们表示，要释放蒋介石。下午3时，亲自送蒋返京，当日，抵洛阳。

12月26日，蒋介石与张学良各乘飞机先后飞抵南京。张学良暂住南京宋子文公馆。

12月30日，南京政府任命李烈钧为审判长，决定对张学良进行军法会审。

12月31日，军法会审结果，张学良被判处10年有期徒刑。剥夺公民权五年。张学良从宋子文公馆移住南京中山门外孔祥熙公馆。

| 1937年 |

元旦，张学良发表《告东北军将士书》，勉励东北军精诚团结，加紧训练，待命杀敌，收复东北。

1月4日，国民政府发布“特赦令”，赦免张学良，但仍将张学良交军事委员会严加管束，从此开始幽居生涯。

1月13日，迁移至浙江奉化溪口镇雪窦山中国旅行社。

7月7日，“卢沟桥事变”爆发，全面抗战开始。

中秋节（9月4日），张学良向蒋介石提出参加抗战，蒋要他“好好读书”。

是年冬，迁移安徽黄山“听涛居”。10天后迁移江西萍乡“绛园”。

| 1938年 |

1月，迁移湖南郴州苏仙岭。

2月，迁移湘西沅陵凤凰山。

9月，湖南省主席张治中到凤凰上看望张学良。张学良写信给蒋介石，请张治中代转，再次提出参加抗战，结果石沉大海。

| 1939年 |

11月下旬，日军进犯湖南，张学良又迁移至贵州修文县阳明洞。

| 1940年 |

2月，于凤至因病赴美就医，赵一荻将幼子张闾琳托付给美国朋友伊雅格夫妇，只身前往阳明洞陪伴张学良。”

1941年

5月，因阑尾炎到贵州中央医院做手术，出院后移住贵阳黔灵山麒麟洞。

1942年

2月，迁移贵州开阳县刘育乡。

1944年

春，移居距息烽15华里的阳郎坝。

初冬，日军进犯湘南，贵阳告急，迁移黔北桐梓县天门洞。

1945年

春，东北籍国民党中央委员莫德惠到桐梓天门洞拜访张学良。

1946年

11月2日，迁移至重庆戴笠公馆，不久被转移到台湾新竹井上温泉（又称“清泉”）。

1947年

3月7日，张学良托前往看他的莫德惠给其大姐张冠英带信，求其买大字版《明史》一部。

10月，保密局设计委员会主任张严佛奉命陪张学良居住数月。是月，张治中夫妇到井上温泉看望张学良。他托张治中向蒋介石提两点要求：（一）恢复自由；（二）希望刘乙光搬出本该由他居住的房子。张治中的此次探访，引起蒋介石的不快。蒋介石手谕：“以后非经他批准，任何人不得见张学良。

1948年

1月1日，张学良写新诗，抒发无奈与悲伤。诗曰：“大众那块，冰天雪地，我这里，风暖花开；大众那块，饥寒交迫，我这里丰衣足食；大众那块，炮火连天，我这里悠然高卧；两相对照，心情交织，我也不知，是悲是喜。”他称，来一首臭倒墙的诗，权当我的新近试笔。

1月10日，刘乙光从台北回来，给张学良带回了宋美龄、莫德惠的信件及女儿张闾瑛的来信，还带回了宋美龄送的圣诞蛋糕一块。因为刘乙光讲述了见宋美龄的经过，晚上张学良怎么也睡不着，躺在床上，想了一副对联“爱护相殷，关切至深；主见之分，国事之争。”

| 1949年 |

1月24日，李宗仁以“代电”和亲笔信指饬参谋总长顾祝同负责释放张学良、杨虎城两人。顾把释放张、杨事推给陈诚、张群，因此李宗仁再电陈、张，请他们负责办理。

2月2日，陈诚致电李宗仁，邀程思远到台湾一谈。

2月4日，程思远抵台北。

2月5日，陈诚对程思远说：“……蒋先生的事你是了解的，像囚禁张学良这类事件，他从来不要别人过问；但是，如果你要到新竹去看张学良，我就派人派车护送你去。”程思远明知释张无望，认为不必有此一行，当即婉辞，李宗仁释放张、杨之举，成为泡影。蒋介石为了不让李宗仁晓得张学良住在何处，2月2日夜3点，张学良被迫由井上温泉出发，因天气原因，11点由新竹机场起飞，12点10分抵冈山，乘车至高雄寿山要塞。

| 1950年 |

1月28日，张学良与赵一荻从高雄搬回井上温泉。从此，外界再无张学良的音讯，直到1960年。

4月16日，张学良致函宋美龄，担心路途困顿，请她不要探视他。

4月24日，刘乙光从台北归来，交给张学良宋美龄函及食品多件。

4月30日上午11点，到大溪蒋家别墅与宋美龄会面，张学良求宋美龄两件事：“1. 在私情上想望一望蒋先生；2. 请代家中索几个钱用。”宋美龄答应了。说写给家中的信，由她转。

是年中秋节，宋美龄送给张学良月饼、茶叶、水果、杂志等。

8月23日，张学良在日记中写道：“老刘（即刘乙光）交来伊雅格由美来函附美金支票3000元，我给毛局长一函托其代取，言美金最好，市上卖价好一些，并将伊雅格原信附去，以便查对提款。”

是年夏天，蒋经国到阳明山首次正式会晤张学良。

1951年

11月，伊雅格再次赴台，带来一台英文打字机，请宋美龄转交。

12月29日，张学良致函宋美龄：“……承蒙优厚，感激莫名，……前贺寿之柬，得蒙总座垂青，良闻之何胜欣幸，此种温情亦夫人所赐也。凤至等函件附照片四十张，又需上扰俯乞赐寄为叩。……”

1952年

3月30日，宋美龄致函张学良。

4月21日，张学良记：蒋夫人来信，言前函因欠安，所以现在才复，又言欲观石田、石涛作品。

5月1日，张记：蒋夫人信并附有手画一幅，杂志一束，罐头两打半。即复函谢。

1953年

2月12日，张记：台北送来年礼四包，云系蒋夫人所送。

5月6日，张记：复家信照片12张，伊雅格信，孔庸之（孔祥熙）信，致蒋夫人一函，将上函附去请转。

1954年

5月下旬，已移居阳明山，有一天警卫通知他下山会客，他被送到士林官邸，这是他和蒋介石贵阳会晤后八年的再次会晤。他们的谈话内容外人不得而知。

1955年

蒋介石要写《苏俄在中国》，因对“西安事变”不了解，请张学良写出来。张写信给蒋，说此事本至死不写的，今你鞠躬下问，我就鞠躬以告，乃至详述经过。此信长达20万字。

蒋介石将此信交给蒋经国，蒋经国又批交军中当教材，因而发表在《希望》杂志上。张学良得知后，写信给蒋介石，提出不同意见。蒋介石接信后，责怪下来，《希望》杂志就此停刊。

| 1956年 |

张学良在蒋介石的英文老师董显光、东海大学校长曾约农的引领下，皈依基督教，从此不再治史，也不再写文章。

| 1957年 |

蒋介石70寿辰前夕，张学良托人送给蒋介石一块金表，以示祝贺。蒋介石回赠一根拐杖，表示谢意。

9月27日，张学良致函蒋经国："经国秘书长仁兄惠鉴：贱眼疾承关怀选聘医诸多分神令人感愧，尚无缘致谢，适又承节赐……张学良再拜。

| 1958年 |

2月，张学良在台南游孔庙，并拜谒郑成功祠，有感而发，赋词两首：（一）孽子孤臣一稚儒，填膺大义抗强胡。丰功岂在尊明朔，确保台湾入版图。（二）上告素王去儒巾，国难家仇萃一身。若是苍天多假寿，管教历史另翻新。

10月17日，蒋经国在北头幽雅招待所召见张学良。张学良向蒋经国表示："富贵于我如浮云，唯一想再践故土耳！"

11月23日，蒋介石在大溪召见张学良。对于这次会见，张学良记载："老先生亲自出来，相见之下，不觉得泪从眼出。敬礼之后，老先生让我进入他的书斋，我说总统你老了！总统也说：你头秃了！老先生的眼圈也湿润了。相对小为沉默。"

| 1959年 |

蒋介石下令解除对张学良的管束。张学良提出在台北市郊自己建房。蒋经国表示赞成，并亲自在台北市郊北投复兴岗给张学良选择地皮。

| 1960年 |

4月8日，张学良从高雄动身，下午抵北投，仍住幽雅招待所。在张学良即将60岁之际，终于搬到了台北。

6月28日，与蒋经国共餐，就关于张学良盖房之事进行商量。

12月31日，张学良与赵一荻、董显光夫妇、刘乙光一家一同到建房地山上野餐。

| 1961年 |

8月30日，张学良在寓所与长女张闾瑛重逢。这是他们阔别25年后首次见面。

| 1962年 |

是年，住进自己的北投新居，之后，居住美国的幼子张闾琳每年都会带着他的孩子到台湾探望张学良。

| 1963年 |

10月，于凤至致函赵一荻：内称："……你早已成了汉卿最真挚的知己和伴侣了，我对你的忠贞表示敬佩……现在我正式提出：为了尊重你和汉卿多年的患难真情，我同意与张学良解除婚姻关系，并且真诚的祝你们知己缔盟，偕老百年！"

| 1964年 |

7月4日，64岁的张学良与53岁的赵一荻结婚。他们经过20多年与世隔绝、相依为命的生活后，在台北杭州南路美国人吉米·爱尔窦家中举行婚礼。爱尔窦是张学良的老朋友，证婚人是年已百岁的陈维屏牧师。女方证婚人是黄仁霖。13人来宾中有宋美龄、张群、王新衡、莫德惠、何世礼、冯庸等。

| 1966年 |

7月，周鲸文又一次到台访问张学良。这时张学良正在参加美国一家神学院的圣经函授学习，并着手翻译一本有关基督教的书。

| 1970年 |

9月，挥毫书录唐代诗人李商隐的无题诗作，赠给台湾《自立晚报》副社长罗祖光，以寄情怀："来是空言去绝踪，月斜楼上五更钟。梦为远别啼难唤，书被催成墨未浓。蜡照半笼金翡翠，麝熏微度绣芙蓉。刘郎已恨蓬山远，更隔蓬山一万重。"

| 1971年 |

周鲸文再次访张学良，被警察人员挡驾，说张学良先生旅游去了。

| 1972年 |

是年，蒋经国当上了台湾的"行政院长"。为此，张学良专程到蒋经国官邸当面表示祝贺后，明确表示：鉴于蒋经国现在的身份，和工作的繁忙希望日后减少彼此间的往来，若蒋经国不接受这个意见，他将考虑拒绝蒋经国的拜访与邀请。蒋经国苦笑着说："那好，我每个季节去看看你总可以了吧？"最后达成"君子协定"每半年会面一次。

| 1973年 |

5月19日，张学良老友伊雅格在美国病逝。为使赵一荻日内去美而致函蒋经国。蒋经国接到信后立即批示，使赵一荻顺利离台赴美。

| 1974年 |

10月7日，张学良致函蒋经国夫妇："承赐鲜美硕大酥梨，肃此申谢，屡蒙赏赐，无任愧感，……当前世俗簿瘠，而院长温暖厚情，被及各方，使良等感佩鼓舞者，非仅限于自身也……"

| 1975年 |

4月5日，蒋介石在台北士林官邸去世。次日，张群电话告诉张学良。

4月8日，张学良和赵一荻前去吊唁，并送去自己题写的挽联："关怀之殷，情同骨肉，政见之争，宛若仇雠。"

| 1976年 |

张大千从巴西回台定居，在台北市郊外双溪自建摩耶精舍。张学良与这位老朋友经常相晤。后来在张大千的提议下，张学良、张群、王新衡（监视张学良的特务，后来成为朋友）每月在摩耶精舍欢聚一次，人称“三张一王团团会”。

| 1978年 |

蒋经国被选为台湾的“总统”，第一个打电话祝贺蒋经国的就是张学良。

| 1979年 |

10月5日下午，张学良应邀到蒋经国官邸参加蒋经国夫妇举行的中秋节茶话会。这是张学良在台北第一次露面。

| 1980年 |

10月20日，张学良偕夫人由“总统府”副秘书长张祖诒和副参谋长马安澜陪同，访问金门，眺望大陆。

| 1981年 |

9月18日，到台北荣民总医院看望齐世英。

| 1983年 |

4月2日，任张大千治丧委员会委员。

| 1984年 |

6月，张学良五弟张学森之女张闾蘅受伯父之托特地从香港到北京看望吕正操。

| 1985年 |

12月25日，在观看西安事变影片时，因心情激动未看完就离去。

| 1986年 |

3月13日，张学良与赵一荻夫妇陪同张群游览桃园龙潭小人国。

| 1987年 |

张学良托张闾蘅带给吕正操诗作：“采菊东篱下，悠然见南山；此中有真意，欲辩已无言。”

| 1988年 |

1月14日，张学良到台北荣军总医院怀远堂吊唁蒋经国。并向他这位老朋友深鞠躬。

3月4日，东北大学在美校友会邀张学良赴美参加4月16日在美举行的东北学大学建校65周年和张学良兼任校长60周年纪念会，由于台湾当局未予允准，未能成行。会后50多位学者和热心人士联署签名，成立了“争取张学良将军全面自由”执行委员会，并致函继任“总统”李登辉。要求李明确答复。

| 1989年 |

11月26日，张学良给居住上海的杜重远夫人侯御之复信，称自己“目力衰退，书写费力，恕不多写。”

| 1990年 |

1月30日，于凤至在美逝世，享年92岁。

5月末，张学良书寄吕正操《谒延平祠》。吕正操和诗一首作答。

5月30日，邓颖超特电祝贺张学良九十华诞。

6月1日，台湾各界人士庆祝张学良90华诞。

6月6日，东北大学校友会等在沈阳庆祝张学良将军90华诞。

6月17日和8月3日，日本NHK电视台采访组三次访问张学良。

| 1991年 |

1月5日，为纽约东北同乡会年刊题词：“读物思乡。”

2月7日，张学良给东北军史研究会会长、秘书长、辽宁大学历史系教授张德良和周毅复信：“德良、毅二乡弟：来信寄来的《东北军史》和《张学良将军诗词注释》已收到，谢谢。余老矣，恕目不佳，不能多写，写字相当困难，请原宥。愿上帝祝福！”

2月16日，张学良复函沈阳张学良陈列馆：“敬启者：兹收到《张学良将军》共五册，十分感谢，专此，万事如意。”

3月10日，张学良与夫人赵一荻赴美探亲。

3月14日，张学良夫妇去了儿子张闾琳居住的洛杉矶。

3月24日，第七届全国人民代表大会第四次会议新闻发言人姚广宣布：张学良将军是中国现代史上一位杰出人物，是中华民族的千古功臣。现在他和他的夫人到了美国，从有关报道上得知，他身体健朗，我们对此感到高兴。如果他本人愿意回大陆看一看，我们当然非常欢迎。我们尊重他本人的意愿。

5月25日，吕正操一行在旧金山参加为赵一荻举办的80寿辰家庭宴会。

29日，吕正操在美国纽约贝祖诒太太家中与张学良会面。

5月30日，张学良与吕正操在曼哈顿一家新开业的瑞士银行总经理办公室会面。

6月4日，吕正操在我驻联合国大使李道豫的别墅会见张学良。张表示他愿为祖国的和平统一尽点力。他说："我不是为国民党，也不是为共产党。我是一个在野人，作为一个中国人愿为中国出力。"

6月5日，张学良为辽宁人民出版社出版的《九一八事变丛书》题："历史伤痕，痛苦回忆"。

6月25日，张学良结束了在美国105天的探亲访友和旅游，从旧金山返回台北。

| 1992年 |

7月12日，邓颖超在北京逝世。张学良得知后，委托张闾蘅向设在中南海西花厅的邓颖超灵堂敬献花篮。

9月11日，张学良在台北北投寓所首次接受大陆记者采访他说："只要时机成熟，国家一定能统一，希望国共两党第三次谈判早日实现。

| 1993年 |

3月8日，国家教委正式批准东北大学复校。新的东北大学校名，由张学良题写。

4月13日，张捷迁教授受东北大学委托到台北拜会老校长张学良，代表蒋仲乐校长聘任张学良老校长出任东北大学名誉校长和校董会名誉主席。张欣然接受，并为东北大学复名典礼题词“教育英才”，为东北大学建校七十周年题写“东北大学七十周年纪念。”

7月，耿其昌、李维康夫妇等赴台演出，与张学良将军欢聚达八次之多。

| 1995年 |

张学良、赵一荻夫妇定居美国夏威夷。

3月26日，张学良暨东北军史研究会的领导周毅、连军、常景兴、赵双城到夏威夷拜访张学良。

6月，日本大阪外国语大学教授西村成雄到夏威夷拜访了张学良。

6月1日，东北大学党委书记蒋仲乐和校长赫冀成到夏威夷拜访张学良。

| 1996年 |

6月，于魁智夫妇等到夏威夷为张学良将军祝贺96岁华诞。给张带去了一份特殊寿礼——京剧。使张将军过了有生以来最痛快的生日。

| 1997年 |

5月31日晚，张学良在夏威夷希尔顿酒店再次接见东北大学校长赫冀成以及副校长王启义。这是张学良第四次接见东北大学校长。

| 1998年 |

1月，张学良研究会副会长张友坤教授赴美拜会张将军，赠送其编著的《张学良年谱》，转交了亲属、故旧托带的信件和新年贺卡。

是年6月，《开国领袖毛泽东》作者王朝柱、张学良的侄子张鹏举和外孙女王秦等到夏威夷给张学良庆贺98岁华诞。

| 1999年 |

5月15日，东北大学校友会在北京政协礼堂庆贺张学良将军百岁（虚岁）华诞。

5月28日，张学良暨东北军史研究会等单位在沈阳同泽中学礼堂庆贺张学良将军99华诞。

6月，沈阳电视台采访组赵杰等赴美采访张学良。

12月25日，张学良暨东北军史研究会副会长赵双城赴美拜访张学良，并赠送“中华世纪宝鼎”。

| 2000年 |

3月12日，张学良暨东北军史研究会会长张德良、副会长王维凡、秘书长周毅到夏威夷拜谒张学良。

5月，为庆贺张学良将军百岁华诞，华文出版社出版由张友坤教授编著的大型影集《张学良世纪风采》。

6月1日，中国驻洛杉矶副总领事许士国和夏威夷中华总商会执行副会长林文中夫妇，专程到张将军寓所，代呈国家主席江泽民祝贺张将军百岁华诞的贺电，并敬献花篮。

6月2日，张将军故乡——海城人民为张将军举办由数万人参加的祝寿大会。抗日名将吕正操专程前往祝贺，当地党、政、军有关领导均出席了大会。

6月3日，张友坤和徐海东大将的女儿徐文惠，在夏威夷张学良将军住处，向张学良夫妇转呈中国人民政治协商会议主席李瑞环和吕正操将军写给张将军的庆贺百岁华诞的亲笔信，并代李主席向张将军敬献祝寿花篮。

6月22日，与张学良将军患难与共的赵一荻病故于夏威夷。安葬在坐落于夏威夷神殿谷陵园中的墓地。

9月26日，正在美国访问的中国残疾人联合会主席邓朴方，专程到夏威夷拜访千古功臣张学良。

| 2001年 |

10月15日，张学良将军仙逝于美国夏威夷，“魂归九天悲月夜，芳流神州动伤情。”海峡两岸及当地华人华侨，以不同形式悼念、追思这位伟大的爱国者。

10月22日晚18时30分，阎明复、阎明光姐弟和专程到夏威夷参加张学良葬礼仪式的东北大学代表赫冀成、王宛山，在夏威夷ALAMOANA酒店举办“张学良老校长追思会”。出席者有：张闾瑛、张闾琳与夫人陈素贞及其两个儿子儿媳、张学良的六妹张怀敏、张学思夫人谢雪萍、张学良五弟夫人王美茜及女儿张闾蘅与张闾芝等。

10月23日，张将军的公祭活动在夏威夷的博思威克殡仪馆举行。当地群众自发前往吊唁。

后　记

2005年，举国纪念中国人民抗日战争胜利60周年。69年前，为抗日救国，张学良将军与杨虎城将军力挽狂澜，毅然发动西安事变，促成第二次国共合作，为实现全国抗战并取得我国近百年来第一次反侵略战争彻底胜利，做出了重大贡献。为宣扬张学良先生的伟大爱国精神，对全民进行爱国主义教育，激发全国人民为和平统一祖国、振兴中华而奋斗，笔者在山东友谊出版社及陶卫东编审的鼓励支持下，特撰写读者面前的这本《张学良画传》。

《张学良画传》图片绝大多数取自笔者2000年5月编著、华文出版社出版的大型画册《张学良世纪风采》，此处不再一一标明出处及主要参考书目。书中张学良与赵一荻的结婚照，来之于张之宇所著并由江苏人民出版社出版的《张学良探微／晚年记事》一书。此外，雷平女士特意从美国旧金山给笔者寄来数张照片。

笔者曾两度拜访张学良将军。在他诞辰105周年之时，编写这本《张学良画传》，以表达笔者对张将军深深的敬意和怀念。

在《张学良画传》出版之际，笔者首先感谢吕正操将军为本书题名，感谢卢云先生对全书文字部分所作的全面修改和润饰。

感谢所有对笔者支持的单位和个人，其中包括我的夫人何爱群。

鉴于时间仓促，水平所限，书中错误疏漏之处，恳请读者指正。

笔　者

2005年4月5日 于北京

再版后记

本书于2005年由山东友谊出版社出版发行（详见原书后记）。因为它是国内外唯一一部图文并茂的普及型张学良传记，在颂扬张学良将军丰功伟绩的同时，对张学良坎坷、曲折而又极富传奇的爱国人生、家庭生活、个人魅力、将军兰花缘、一生京戏谜、张学良与周恩来、张学良与吕正操在美国三次密晤，以及张学良何以长寿？张学良为什么生前未回大陆？等等，书中均有详尽的阐述。因此，受到众多读者欢迎。虽有两次印刷，但已绝版多年。

今承蒙当代出版社周五一社长大力支持，再版此书，对于加强、普及爱国主义教育，弘扬中华民族的优秀文化传统都有现实意义。

在此，特别感谢王忍之同志为本书题写书名。对出版社的领导以及田雪鹰、任小平、李森、许烈、原国家新闻出版总署的卢云、辽宁阜新的王云鹏同志为本书付出的辛勤劳动深表谢意！

鉴于一些读者和朋友们的建议，特将书名改为《张学良身影集》。

此次再版，新增加的一些图片，均出自张闾蘅、张闾芝、陈海滨编著的《张学良、赵一荻私人相册：温泉幽禁岁月（一九四六——一九六〇）》；彩插中的几张照片是笔者今年3月赴台期间拍摄的；对于原书中的个别错字也都一一改正，并填补了原书“张学良生平年表”中的一些空白。即：1948—1953年、1957—1958年、1960年、1962年、1970—1974年，1976、1981、1985、1987、1997年张学良的行迹。尽管如此，因水平所限，错误疏漏之处在所难免，敬请读者批评指正。

中国社会科学院民族所　张友坤

2014年4月10日于北京